CW00866954

UNA VACANZA TRA I MONTI

di
Renato Ferraris di Celle

RENATO FERRARIS EDITORE
Roma
2017

Capitolo I

L'ARRIVO IN ALBERGO

Questa vacanza me l'ero studiata a tavolino praticamente minuto per minuto. Prevedevo di partire da S. Daniele del Friuli, non lontano da Udine, e raggiungere l'albergo dove intendevo trascorrere le mie vacanze, sull'Altipiano del Renon, in prossimità di Bolzano. Prevedevo... ma, ciò, non era - evidentemente - destinato ad accadere. Dovevo partire in vacanza terminati i miei impegni in America, ma, quando sono tornato a casa, mia madre si fece trovare con un bel raffreddore estivo in via di guarigione che mi sconvolse l'intero programma delle vacanze: niente San Daniele del Friuli!

Quando mia madre si rimise in sesto e poté affrontare il viaggio, con il consenso del medico, ero ancora in tempo per attuare la seconda parte del programma vacanziero: le vacanze vere e proprie, quelle da passare facendo base sull'Altipiano del Renon.

Si parte, si parte , si parte! Evviva!

Valigie, vestiti, attrezzatura fotografica, attrezzatura da trekking, CD, triangolo d'emergenza, ruota di scorta, ma la macchina dov'è? Ah, già, che sbadato l'avevo lasciata in autofficina per il check-up di rito e qualche piccola riparazione di circostanza. Corri a ritirare Carolingio detto Carolus: Carlo Magno all'anagrafe e un robusto fuoristrada per la motorizzazione civile.

Anche Carolingio era stato rimesso a nuovo durante la mia assenza e sembrava chiedermi dove fossi finito e quando si sarebbe partiti per una nuova avventura: domani, Carolingio, domani.

Bene, adesso, ci siamo proprio tutti!

Carica bagagli; chiudi acqua, luce e gas; dai da bere alle piante; chiudi la porta… ma mia madre dov'è?..

Riapri la porta; chiamala, nessuna risposta, cercala su, cercala giù,… niente, nessuna risposta, ma dov'è? Oh, no… stai a vedere che non si parte neanche oggi… no… non è possibile… ma dove si è nascosta… ma certo è in auto che mi sta aspettando!

Richiudi casa, scendi in garage… huf! Questa volta Carolingio c'è, mia madre c'è, i bagagli sono in macchina, la chiave sblocca lo sterzo, fa contatto, Carlo Magno si scrolla di dosso la polvere, emette il suo ruggito di battaglia,... Oh, il freno a mano..., EVVIVA! Siamo usciti dal garage. Chiudi la saracinesca, salta in auto e via: la vacanza è cominciata!

Imbocchiamo la A1 a Roma, ci immettiamo sulla A22 a Modena, ne usciamo a Bolzano ed arriviamo in albergo.

L'albergo l'avevo scelto sulla rivista di alpinismo di un noto sodalizio nazionale: "Albergo circondato da un parco di circa tre ettari", foto 2cm x 3cm della facciata. L'annuncio non menzionava il fatto che l'albergo fosse collocato d'avanti allo Sciliar! Un'intera dolomite tutta per NOI! Beh, non esageriamo: tutta, un po', per noi!

Sull'albergo non vi dirò nulla di più se non che ci siamo trovati bene e che all'accoglienza si riceve una tesserina "magica" ed un programma che vi permette di riempire le giornate se non ne avete uno vostro.

Ma, io, il programma ce l'ho: domani si comincia con la gita organizzata dall'albergo!

Oh, ci hanno raggiunto, anche, mia sorella e suo marito.

Capitolo II

LE PIRAMIDI DI PIETRA!

Come da programma tutti i villeggianti interessati alla gita si ritrovano alla stazione del "trenino del Renon" di Collalbo alle 10h00 c.a. Mia madre preferisce restare in albergo, per rimettersi al meglio, mentre mia sorella con suo marito si aggregano alla comitiva. Infatti, come me, sono appena giunti sul "Renon" e desiderano essere introdotti nell'ambiente da una guida esperta dei luoghi: Sepp!
Sepp, è così che ci chiede di chiamarlo, è un nonno ancora nel pieno delle sue forze che, con tre parole

di tedesco e mezza d'italiano, ti acchiappa e ti mette in riga e, dopo un rigoroso appello a cui è impossibile rispondere "ASSENTE!"…, ti lascia attonito al palo di partenza.

Forza ragazzi, gambe in spalla, che il "nonnetto" pista!

Vista la forte partecipazione alla gita (il doppio rispetto ad altre precedenti edizioni) il gruppo viene sdoppiato per motivi logistici: il ristorante prescelto, verrà detto, non è in grado di accogliere tutti quanti.

Così Sepp ci porterà a fare il giro programmato in senso contrario mentre l'altro gruppo seguirà il programma originario.

Il nuovo programma prevede una "salitina" a Kematen/Caminata, pranzo a Tann e discesa a ruota libera fino alle Piramidi di Pietra.

Mentre saliamo per prati e boschi, la notizia letta quello stesso mattino sul giornale - relativa all'incontro fra un locale ed un orso in prossimità del sentiero 33 - ancora stenta a passare nel "dimenticatoio". Il giornale locale scrive tutto in tedesco e, così, ci era rimasta incerta l'ubicazione del sentiero.

C'era chi diceva che l'orso era stato avvistato a 40 km di distanza dal Renon e chi, invece, sosteneva che l'orso era stato avvistato in prossimità del sentiero 33 di cui, però, nessuno conosceva l'esatta ubicazione.

Al riguardo, il panorama fa miracoli: il nostro sentiero si snoda fra alberi che svettano anche oltre i venti metri di altezza, poi costeggia un laghetto ricoperto da ninfee dove una famigliola di anatre sta allevando

la sua prole e le ranocchie prendono il sole, ora sui tronchi d'albero che galleggiano nel laghetto simili a

coccodrilli ora sulle foglie rotonde che ricoprono lo specchio d'acqua, quindi il sentiero prosegue e ti

porta dove la foresta si apre a mo' di sipario sulle Dolomiti e sull'Alpe di Siusi che ti sorridono dall'altra parte della Valle Isarco.

Un Kaiserschmarn, a pranzo, spazza via definitivamente qualsiasi pensiero "orsaiolo" dalla mente.

Dopo un bagno di sole, Sepp ci rimette tutti in fila indiana e, giù, a rotta di collo per prati fino

all'imbocco del sentiero che ci porterà, attraverso il bosco, al paesino di Maria Saal: il sentiero 33!

Da Maria Saal saltellando in mezzo ai prati si

raggiunge il sentiero delle "Piramidi di Terra".

Un cartello ci spiega rapidamente come si sono formate le strutture geologiche che stiamo andando ad osservare.

Ora, bisogna sapere che la regione delle Dolomiti - di cui fa parte anche l'Altipiano del Renon - prende origine circa 280 milioni di anni fa. In tutto questo tempo, mari, vulcani ed un po' di molluschi hanno plasmato il paesaggio per lasciarci a bocca aperta ogni volta che ci soffermiamo a guardarlo.

Ah,... dimenticavo, da qualche parte ci sono tre ere glaciali che hanno congelato tutto, tritato, scavato, levigato e, infine, liberato ed incappucciato di bianco le terre emerse per lasciarci ammirare il risultato del loro lavoro millenario. Risultato che, in alcuni punti, ha lasciato una composizione morenica particolare che con l'erosione dell'acqua ha consentito la formazione di coni piramidali sovrastati da un masso che ne è causa e protezione al contempo. Infatti l'acqua piovana nel dilavare il materiale morenico non ha potuto rimuovere la terra macinata dal ghiacciaio da sotto il sasso diventato, poi, di copertura della piramide. Quando il sasso cade la piramide è destinata a sparire.

Il fenomeno tuttavia è in continua evoluzione e le piramidi si rinnovano non appena l'acqua incontra un nuovo sasso. Questa lotta fra terra ed acqua genera forme casuali che, ora ricordano le case nella roccia della Cappadocia, ora fantastici castelli di fate e maghi di cui, si sa, sono pieni i boschi ed i monti del Tirolo.

Capitolo III

280 MILIONI DI ANNI FA

Dopo le prime spiegazioni dateci da Sepp, era diventato interessante approfondire l'argomento della formazione delle Dolomiti: perché sono così diverse dalle altre montagne? perché si "illuminano" al tramonto?

A queste e ad altre domande, che quasi tutti si pongono osservando i gruppi dolomitici, risponde il museo geologico di Predazzo e così, oggi, siamo partiti dal nostro albergo per cominciare un viaggio nel tempo, attraverso le valli d'Ega, di Fassa e di Fiemme, che ci porterà fino a 280 milioni di anni fa.

Strada facendo si può osservare il gruppo del Latemar con il Lago di Carezza, che si trova alle sue pendici, ed il Catinaccio che ci è noto anche con il suo nome tedesco di Rosengarten (giardino delle rose). Dal passo di Costa Lunga si riescono ad intravedere le Pale di San Martino e, scendendo in Val di Fassa, dall'altra parte, la Marmolada ed il Gruppo del Sella.

Mi ritrovo, ad un tratto, al volante di Carolingio

pensando di essere al comando dell'astronave del tempo del "Doctor Who"(1).

Entrati in Val d'Ega, grazie ad una galleria, che togliendo un po' di romanticismo a favore della sicurezza, ci permette di superare l'iniziale strettoia costeggiata da precipiti pareti sovrastate dal Castel Cornedo (XII sec. d.C.), mi sento già proiettato dal

futuro nel passato. All'uscita dalla galleria, del castello medioevale non v'è più traccia, la corsa a ritroso nel tempo ha preso ormai velocità; siamo già a circa 14.000 anni fa quando l'ultima era glaciale stava già liberando le terre e lasciando dietro di se, come tanti biglietti da visita, i laghi glaciali di montagna. Una di queste superfici d'acqua, famosa per la sua bellezza, è quella di Carezza che, come abbiamo già detto, bagna le pendici di una parte del gruppo del Latemar: Ah, le Dolomiti!

In un batter di ciglia scorrono a ritroso milioni di anni, da un momento all'altro mi aspetto di veder spuntar fuori dal bosco un dinosauro (ad esempio: il Pachypes dolomiticus) o un orso delle caverne... mi giro e... un moderno passaggio pedonale mi ricorda che, sono sempre nel 2017!

Arrivati a Predazzo, il custode del museo ci suggerisce di tornare al pomeriggio visto che, ormai, si è fatta l'ora della pausa di mezzogiorno.

Così, ci ritroviamo nella necessità di riempire un buco di circa quattro ore in attesa della riapertura del museo.

Nessun problema: possiamo spingerci, per fare il nostro pic-nic, fino al margine dei boschi di Paneveggio. Si, proprio quelli degli abeti rossi risonanti utilizzati, anche, per costruire i famosi violini Stradivari. I boschi cominciano poco più su di Predazzo andando in direzione di Paneveggio dove un parco consente a bimbi e genitori di

osservare alcuni esemplari di cervo tenuti in semi cattività. Non molto contento del loro comportamento da siesta pomeridiana vengo, tuttavia, divertito dalle prodezze di uno scoiattolo che incurante dei confini imposti dall'uomo agli ungulati faceva scorte per il proprio rifugio invernale saltellando freneticamente da un abete all'altro e correndo a perdifiato su e giù per i loro tronchi: le pigne... che ghiottoneria!

Fatto il nostro pic-nic - con gustosi panini imbottiti con formaggio e speck tirolese - e soddisfatta la nostra curiosità musicale facciamo ritorno a Predazzo.

Il museo, finalmente, ci accoglie con i suoi numerosi video didattici ed i suoi interessanti reperti preistorici.

Così, con l'aiuto di un modello, riusciamo a capire che, una volta, attorno alle Dolomiti c'era il mare e che grazie ai fossili si è potuto

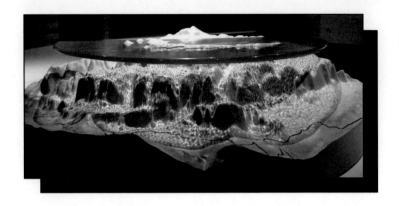

constatare che il clima era simile a quello che oggi si trova in zone tropicali come, ad esempio, sulle isole Canarie. Infatti, alcuni tipi di fossili vegetali, riproducono piante di cui si possono ammirare specie molto simili proprio nelle isole spagnole più sopra menzionate.

Ma se c'era il mare?

E' vero infatti altri fossili ci mostrano un piccolo branco di pesci che è rimasto intrappolato nel fango lasciandovi la propria impronta circa 270 milioni di anni fa.

E, allora?

Semplice, c'era il mare fino ad una certa quota e, da questa in su, la montagna usciva dai flutti marini. Insomma le Dolomiti non erano altro che degli atolli in mezzo al mare di 280 milioni di anni fa.

In altre parole, si tratta di materiale di origine animale cristallizzatosi nel corso del tempo.

Guardando le Dolomiti, più da vicino, ci si rende conto che la roccia dolomitica è composta da una "sopprassata" di gusci di molluschi e di fanghiglia che ha intrappolato qua e là dei fossili di animali vertebrati quali pesci, lucertoloni e volatili, simili a pterodattili ma, delle dimensioni di una gallina.

Tutto ciò non basta, perché questi roccioni sono stati compattati dall'azione di tre ere glaciali che alternandosi a movimenti tettonici e ad azioni vulcaniche hanno compresso il materiale delle dolomiti fino a consentire la generazione di incrostazioni minerali di bellezza sorprendente. Il colore bianco/rosato dei gusci e le formazioni cristalline sono alla base della "illuminazione" pomeridiana dei gruppi dolomitici: l'Enrosadira.

Le pareti quasi verticali delle montagne si comportano, di fatto, come dei giganteschi specchi opachi che riflettono la luce del sole che tramonta.

Non c'è una serata uguale all'altra anche se la magica fioritura delle rose di pietra si produce in corrispondenza dei tramonti "infuocati".

La caccia al tramonto più magico è aperta a tutti i romantici del pianeta. Il fenomeno è stato tutelato dall'Unesco che ha dichiarato le Dolomiti patrimonio mondiale dell'umanità (26 giugno 2009).

Finita la visita del Museo, risaliamo in auto, pigio qualche pulsante per attivare l'aria condizionata con la segreta speranza che l'astronave del "Doctor Who" ci riporti rapidamente nel XXI sec. d.C.: Permiano, Triassico, Giurassico, Norico, Retico,... sfrecciano sotto i nostri occhi lungo la val di Fiemme e, valicato il passo San Lugano, lungo il Rio Nero fino ad arrivare ad Ora (e ne era proprio l'ora (18h30 circa): alle 19h00 si cena!) dove la piana dell'Adige con l'Autostrada A22 del Brennero ci fa ritrovare un po' di attualità.

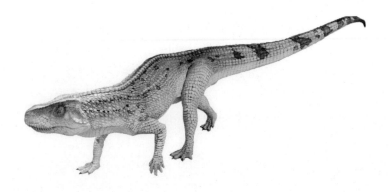

Capitolo IV

ROCCE! ROCCE!... MA GLI ESSERI UMANI?

Arrivati in albergo sul filo del rasoio per riuscire ad avere la cena – la cameriera si è eseguita come chi volesse dirvi: "E che non si ripeta un'altra volta!" – e fare il programma per il giorno seguente.

A tavola eravamo tutti abbastanza stanchi, tanto da limitare la conversazione all'essenziale, ma una domanda aleggiava nell'aria come un fantasma: "Gli esseri umani quando sono arrivati in Alto Adige?"

Al momento possiamo far risalire la presenza umana nella regione di nostro interesse, con una certa sicurezza, a circa 3000 anni prima di Cristo, ovvero a circa 5000 anni fa, alias al tempo delle piramidi d'Egitto.

Infatti, mentre in Egitto sorgevano le piramidi, in Alto Adige passeggiava un certo tipo che proveniva, si crede, dall' Austria scavalcando le Alpi. Fuggiva da qualcuno che pensava, ormai, d'aver seminato attraverso i monti, la neve, il ghiaccio e le asperità. Si sedette, mangiò qualcosa e... morì. Morì colpito a tradimento, alle spalle, da una freccia. Cadde a terra, forse nell'estremo tentativo di togliersi di dosso l'ingombrante proiettile, e, così, fu rinvenuto da dei pastori che corsero a chiamare Reinhold Messner che si trovava non lontano da lì con un suo compagno di scalata: Hans Kammerlander. I due arrivarono sul posto ed accertarono che l'uomo era un essere "tornato" dal passato: Oetzi!

Oetzi è una mummia elastica che ci è pervenuta integra grazie al suo congelamento naturale. Il nostro amico, infatti, venne trovato alle pendici del ghiacciaio del Similaun, dove era stato sepolto dal ghiaccio migliaia di anni or sono, e dove ci fu restituito dal ghiacciaio stesso, in ritirata, nel 1991. Sull'uomo del Similaun si fecero molte teorie e molti studi ed oggi si può dire che del nostro amico e dei suoi ultimi istanti di vita si sa pressoché ogni cosa.

Per il giorno seguente, una giornata di relax andava bene a tutti quanti e, così, abbiamo convenuto che un giretto per Bolzano alla ricerca di Oetzi non ci avrebbe fatto male.

L'indomani ci siamo svegliati, a dispetto della giornata precedente, di buon ora e ci siamo ritrovati tutti in sala da pranzo per la prima colazione: un gustoso Fruehstueck mittel-europeo.

Per andare a Bolzano c'è un trenino, l'orgoglio del Renon, che parte da Collalbo e va fino a

Soprabolzano dove una moderna cabinovia ci porterà a destinazione: Bozen.

Andando a prendere il treno, spiego che in passato esisteva una motrice a cremagliera che spingeva il trenino, composto da una singola carrozza, da Bolzano fino a Soprabolzano. Lì, la carrozza - più simile ad un antico tram che a un vagone ferroviario – continuava il percorso, da sola, con il suo proprio propulsore elettrico lungo i binari a scartamento ridotto. La motrice a cremagliera agganciava un altro vagone e lo frenava giù per la china fino a Bolzano.

Oggi, la cremagliera è stata sostituita dalla cabinovia ed il trenino di legno è stato sostituito, solo di recente, con un moderno trenino rosso.

Tutti in Carrozza!

Eccoci, tutti sistemati, sui comodi sedili del nuovo trenino del Renon. Il percorso è panoramico e ora si vede lo Sciliar, ora i boschi, con un po' di fortuna un cerbiatto, ora il Latemar. Il viaggio è costellato da ministazioni che consentono ai villeggianti di raggiungere i loro sentieri o le loro mete preferite.

Dopo una mezz'oretta arriviamo al capolinea dove chi vuole può attardarsi ad osservare alcuni elementi del dismesso sistema ferroviario. Dismesso?...Dismesso?! Oh, questa poi! Ma quale dismesso e dismesso: ogni giorno il vagoncino di legno effettua, orgogliosamente, il suo servizio per la gioia di tutto il popolo dell'Altipiano del Renon! Pardon, non volevo offendere nessuno. E' vero, solo la cremagliera è stata mandata a "riposo". Il trenino, che quest'anno festeggia i suoi 110 anni di servizio, continua imperterrito a esercitare, due volte al giorno, le sue andate e ritorno fra Soprabolzano e Collalbo. Vi posso dire che non me lo sono fatto ripetere: Evviva, il trenino del Renon!

La discesa su Bolzano non è meno interessante, e consente di dare uno sguardo dall'alto alla città

ed ai suoi d'intorni: Castel Firmiano, Castel

Mareccio, il Duomo,...

Noi, tuttavia, dovremmo scoprire dove si nasconde Oetzi che ormai è diventato il nostro caro amico del Similaun.

Mia madre si lancia con uno scatto repentino sulla prima cabina disponibile lasciandoci interdetti, al di qua delle barriere, mia sorella riesce a muovere a compassione l'integerrimo controllore che la lascia raggiungere nostra madre: ci si ritroverà giù da basso.

E' una cabinovia, non c'è da aspettare molto fra una cabina e l'altra, così con mio genero saltiamo sulla cabina successiva ed il ricongiungimento si effettua senza alcun problema presso il comodo bar della stazione d'arrivo della cabinovia.

Sempre in stazione si trova un ufficio informazioni che ci orienta, dandoci una mappa, nella città: "Oetzi, stiamo arrivando!"

Il museo archeologico si trova, rispetto alla stazione della cabinovia, dall'altra parte del centro storico di

Bolzano.

Ad aver pazienza lo si può raggiungere con un comodo e puntuale autobus.

Essendocelo fatto passare sotto il naso, abbiamo optato per l'attraversata a piedi del centro.

Dopo aver svicolato attorno al duomo ci siamo diretti lungo una parallela della famosa Via dei Portici e siamo arrivati al Museo aggirando le orde di turisti che sono soliti frequentarla.

Davanti all'ingresso, una fila di villeggianti e studiosi attendeva in buon ordine per omaggiare Oetzi.

Dopo pochi minuti esibiamo la nostra tessera turistica ed entriamo nel museo. La tessera del turista è un utile accessorio che gli albergatori offrono ai clienti per permettere loro di visitare liberamente (gratis) castelli e musei. La tessera permette di utilizzare gratuitamente anche i mezzi pubblici: formidabile!

Che emozione stiamo per incontrare Oetzi.

Una volta scoperto ai piedi del ghiacciaio del Similaun, fu portato in un centro di ricerca austriaco e si rese necessaria una nuova misurazione del confine austro-italiano per determinare il diritto di detenzione della mummia: la mummia è stata recuperata in Italia. La città di Bolzano realizza un ambiente adatto alla conservazione del reperto ed a una sua esposizione al pubblico in grado di non ledere la dignità della salma. Oetzi torna finalmente in Italia.

Ricerche condotte sul luogo del ritrovamento hanno fatto rinvenire praticamente tutto il corredo dell'uomo del Similaun: pantaloni di pelle, scarpe, mantello, arco, ascia,… e persino un'unghia.

Le lastre ne hanno determinato la morte violenta ed altre analisi hanno permesso di stabilire che quando venne ucciso aveva appena finito di mangiare.

Ma eccoci arrivati alla famosa finestrella: "Ciao, Oetzi, non ti saresti mai aspettato un'accoglienza del genere, eh?" La ricostruzione tridimensionale della mummia, realizzata grazie a delle tecniche forensi e cinematografiche, è sbalorditiva e mi ricorda un mio conoscente di Roccantica (RI): Non altissimo, ma di statura rispettabile per il suo tempo, sguardo perspicace, intelligente ed un po' furbastro: "sei proprio gagliardo Oetzi!".

Probabilmente era, ancora, uno dei pochi a possedere un'ascia dalla lama di bronzo, peccato che l'abbiano colpito a tradimento e che non abbia avuto tempo di terminare la costruzione del suo arco;

sono sicuro che, altrimenti, avrebbe potuto dare del filo da torcere al suo antagonista e forse mettersi in salvo. E noi, in tal caso, probabilmente non avremmo mai avuto il privilegio di incontrarlo: ma guarda, un po', il destino che ti combina!

Il museo, centrato sulla figura dell'uomo di Similaun, ricorda che Oetzi non è l'unica testimonianza umana della presenza dell'uomo in Alto Adige. Infatti si ritiene che la comparsa dei nostri simili, in tali luoghi, possa risalire addirittura a 15.000 anni fa e che l'Alpe di Siusi custodisca la memoria di siti risalenti al paleolitico ed al mesozoico.

Altre presenze, più recenti, degli umani in Alto Adige e proprio sul Renon, si fanno risalire al 2000 a.C. quando la cultura di Luco e Meluno e di Sanzeno-Fritzens si sviluppa anche sull'altipiano.

Capitolo V

LA CULTURA DI LUCO E MELUNO

Mentre la cultura di Fritzens si sviluppava in Val di Non e quella di Sanzeno lungo la via dell'ambra nella valle dell'Inn, qualche secolo prima, nel secondo millennio prima di Cristo, un'altra cultura si sviluppava attorno all'area dell'attuale Bressanone.

Da un attento incrocio dei dati in mio possesso sono riuscito ad ubicare uno dei siti ove tale cultura si sarebbe sviluppata. Tale luogo si trova sulla sommità di una collina in prossimità di Collalbo.

Oggi, il posto, è di proprietà privata. Ciò nonostante un'occhiata furtiva, dalla strada, non ci viene vietata e così scopriamo, dopo un breve tratto di strada percorso a piedi, che nell'ombra di un bosco di faggi vi è un "ninfeo" che tutela, ancora oggi, il sito. Non lontano da lì una struttura muraria ci fa capire come dovevano essere fatti i castellieri dei Reti che così aspramente contrastarono l'avanzata di Druso e della civiltà romana.

Pochi sono tuttavia i reperti che testimoniano l'esistenza di tali culture tanto da far pensare che, con il passare del tempo, il materiale utilizzato per la realizzazione dei manufatti sia stato integralmente riutilizzato e che quindi tali civiltà si siano evolute con una certa costanza fino ai tempi nostri senza mai subire abbandoni

e/o vere e proprie decadenze. In altre parole sono portato a pensare che le popolazioni preesistenti siano state assorbite dalle nuove culture che via via si affacciavano in questi luoghi.

Così ad esempio i castellieri che erano dei terreni circondati da una muratura sormontata da una semplice palizzata sono stati trasformati con l'arrivo dei romani in castra militari ed in seguito in abitazioni fortificate, poi in castelli fortificati (il classico castello medioevale) che, in seguito, hanno subito abbellimenti più o meno incisivi fino a diventare i castelli prevalentemente residenziali, che oggi possiamo a volte visitare. Non è raro, infatti, che i castelli siano ancora adesso dimore private.

E' stato, quindi, interessante vedere il sito della collina Pipper proprio perché ci ha permesso di avere un'idea di come fossero fatte le fortificazioni retiche.

Capitolo VI

ARRIVANO I ROMANI!

Ma chi si trovò ad urlare: "Arrivano i Romani!"? e perché i romani erano tanto interessati a questa regione?

Per rispondere alla prima domanda bisogna, almeno parzialmente, far luce anche sul secondo dilemma.

L'Alto Adige si trova ai piedi del valico del Brennero che è forse l'unico valico alpino percorribile anche d'inverno senza grossi problemi climatici e, pertanto, anche dagli uomini della preistoria. Ciò ha fatto sì che questa regione sia stata da sempre terra di passaggio fra il resto dell'Europa e l'Italia. Altro fattore peculiare di questa zona è il clima relativamente dolce, per essere una zona alpina (eredità geologica), di una bellezza spettacolare (che non guasta) e ricca di selvaggina, di acqua potabile e di materie prime in generale. Insomma chiunque passasse di qua, dal paleolitico in poi, si è fatto un serio pensiero sulla possibilità di installarvisi definitivamente. Qualcuno si trovò libero di farlo e altri arrivati dopo, e ancora oggi, se lo sono concesso e fatto.

La prima gente ad arrivare sembra che fosse attratta proprio dalla bellezza dei posti e che fosse una popolazione ligure-iberica, altri erano etruschi che portarono in Alto Adige l'agricoltura e vennero in seguito assorbiti dai Galli. Gli etruschi installatisi in Alto Adige erano capitanati da Reto che diede nome alla regione (Alpi Retiche) ed alla sua popolazione: i Reti. I Reti condividevano l'Alto Adige con i Veneti ma si portarono dietro, loro malgrado, anche i loro acerrimi nemici: i Galli. Questi avevano infatti sconfitto gli etruschi nella pianura padana e avevano deciso di arrivare fino alla cerchia alpina. I veneti che erano già presenti nella pianura padana, si erano invece sospinti in Alto Adige, a danno dei Proto-Italici, nella sua parte orientale spingendosi fino in Svizzera dove il lago di Costanza era chiamato nell'antichità "Lacus Venetus". I Proto-Italici erano arrivati in Alto-Adige scendendo dal Brennero e dal Resia sostituendo all'età della pietra quella del ferro e delle palafitte. Infine una popolazione illirica si stabilì in Val Pusteria dopo aver risalito il corso della Drava.

Da questo grande miscuglio di popoli e di culture si assestarono due grosse sub-regioni: a occidente i Galli che avevano assorbito gli etruschi ed, a oriente, i Veneti che avevano assoggettato i Proto-Italici.

Ciò, tuttavia, risultava essere, ancora nel 20 a.C., una realtà a macchia di leopardo. Infatti: Galli,

Etruschi e Veneti erano realtà che differivano da valle a valle. A seguito di sanguinosi scontri e di qualche alleanza si erano ricomposti nelle tribù dei Genauni, degli Isarci, dei Venosti e dei Breuni.

Talvolta riuscivano ad allearsi per fare scorribande nella Pianura Padana. Con queste azioni di saccheggio i Reti si addossarono l'etichetta di feroci guerrieri.

Ora finché i Galli si frapponevano fra i Reti ed i Romani con il loro dominio della pianura padana, l'Alto Adige rimase una regione isolata e confinata in se stessa e lontana dalle mire dell'impero romano.

Purtroppo le mire Galliche erano in piena espansione e con la loro avanzata su Roma del 225 a.C. i Galli costrinsero Roma a replicare. E quando Roma replica: replica.

Roma schiaccia i Galli a Talamone e si impossessa gradualmente ma inesorabilmente della pianura padana. Ed è probabile che delle azioni di avanscoperta nella valle dell'Adige vennero intraprese già a quei tempi.

La seconda guerra punica costrinse Roma verso altre azioni difensive di massima priorità facendole accantonare l'espansione settentrionale.

Tuttavia i disordini verso le regioni settentrionali controllate dall'Urbe perduravano ed il Console Quinto Marcio Re nel 118 a.C. dovette intervenire a tutela dei territori romani prossimi alle valli Giudicarie.

Infine, un'azione dei popoli barbari costrinse un'altra volta l'aquila romana a mostrare i suoi artigli che sterminarono i Teutoni, che avevano spadroneggiato un po' dappertutto fra le Alpi e la Spagna, a Acque Sextiae. Ma i Teutoni non erano scesi da soli ed avanzavano verso sud assieme ai Cimbri che fermatisi in Svizzera si mossero a ridosso delle Alpi verso il Brennero e da lì irruppero in Alto Adige.

A Trento (fondata dai Galli), Roma aveva inviato il console Catulo a fermare la discesa dei barbari nella pianura padana.

L'avanzata dei Cimbri, ormai privati dei loro alleati, si concluse con il loro sterminio da parte dell'esercito romano ai campi Raudj verosimilmente presso Verona.

Da qui in poi i rapporti fra Roma e le "valli dell'Adige" sono, ora amichevoli e commercialmente proficui per entrambe le parti, ora tesi per via delle azioni aggressive che i Reti conducevano verso i territori vicini.

Tali azioni di periodica ribellione e/o di aperta sfida al potere di Roma da parte delle popolazioni barbariche spinse Roma a decidere un'azione sistematica di "bonifica" delle terre del centro Europa Alpi comprese.

Giulio Cesare iniziò una colossale organizzazione che venne fermata dal suo assassinio ma che, in seguito, fu ripresa dall'imperatore Augusto che la ridimensionò e la affidò ai suoi due figliastri: Tiberio e Nerone Claudio Druso detto Druso.

Il primo avrebbe comandato le truppe stanziate in Gallia e Druso avrebbe dovuto raggiungerlo salendo dalla valle dell'Adige ed attraversando la barriera alpina dal passo Resia.

Quindi è piuttosto difficile individuare chi urlò "ARRIVANO I ROMANI!" perché di fatto i Romani erano già lì da tempo. Infatti si ha notizia che il dominio di Trento romana si era spinto fino al Monte di Mezzo e che un vallo difensivo era stato fatto realizzare dal console Munazio Planco all'altezza di Termeno (oggi, sulla strada del vino) già prima che iniziassero i preparativi della spedizione di Druso.

Gli storici, in tutto questo mare agitato di popoli, fotografano etnologicamente la regione di nostro interesse come segue:

1. in Val Venosta: i Venosti;

2. sui rilievi fiancheggianti la Valle Isarco: i Breuni, i Brixensi e gli Isarci;

3. a destra del medio Adige: i Genauni;

4. a sinistra del medio Adige: i Tridentini (Tuliassi e Sinduni);

5. in val Trompia: i Triumplini;

6. in Val Camonica: i Camuni;

7. in Val di Non: gli Anauni.

Ma, sempre gli storici, ci semplificano la vita dicendoci che i nemici di Druso, ovvero quelli che gridarono: "Arrivano i Romani!", furono i Breuni, gli Isarci, gli Anauni ed infine i Venosti.

Tutto l'insieme di queste genti vennero definite da Roma: popolazioni retiche, ovvero, appartenenti alla Rezia e chiamate più genericamente Reti.

L'attacco al Brennero da parte di Druso cominciò nel 15 a.C. e nel 16 a.C. iniziarono i preparativi.

Capitolo VII

ALL'INSEGUIMENTO DI DRUSO

Visto che i Romani si trovavano a Termeno per opera del console Catulo quando Druso arrivò nella valle dell'Adige, mi è parso interessante ripercorrerne l'itinerario della sua avanzata verso il Brennero cominciando il suo inseguimento proprio da dove quest'ultima ebbe inizio: Termeno sulla strada del vino.

Lasciato l'albergo, abbiamo preso l'Autostrada fino all'uscita per Egna e, quindi, attraversata la valle, più o meno, dove i romani avevano gettato un ponte (a Vadena) per poter operare più facilmente su

entrambe le rive del fiume, si arriva alla ridente cittadina di Termeno dove tutto parla del vino: il Traminer. In centro al paese c'è una piazza dove si affacciano il duomo, alcuni ristoranti e dei punti di degustazione dei vini locali. Una cantina ci accoglie nel suo punto di ristoro e di cultura del vino: un museo a cielo aperto che ci invita a conoscere la storia del vino dalla pianta alla botte. Dopo un gustoso risotto allo zafferano ed altri piatti tipici, accompagnati moderatamente ma gustosamente dal vino della casa, ci inoltriamo nel vigneto dimostrativo dove dei cartelli didattici ci fanno apprezzare meglio il complesso lavoro del viticultore, ci danno alcune indicazioni su come vengono curati tutti i dettagli del ciclo vitale della pianta e di come l'impollinazione venga garantita dalla presenza in loco di allevamenti di api che, oltre ad impollinare i fiori della vigna producono anche dell'ottimo miele.

In questo posto, dove si coltivano le vigne e si produce vino da quando gli etruschi cominciarono la bonifica della valle dell'Adige e l'introduzione dell'agricoltura in queste terre, Druso cominciò ad attestare le sue truppe non appena arrivò a Trento e ne rilevò il comando. Il figlio d'Augusto passò intere stagioni a rafforzare la presenza romana nella zona atesina, in modo da garantirsi un'avanzata bellica circoscritta. Egli voleva arrivare al Brennero e, poiché l'Isarco gli impediva un'avanzata diretta lungo la sua valle (2), intendeva garantirsi, prima di tutto, la sponda destra (3) dell'Adige.

Circoscritta l'azione, Druso diede inizio alle manovre militari lungo il corso del fiume.

Purtroppo, della guerra contro i Reti, sembra che non si siano conservate documentazioni dirette degli accadimenti ma solo riferimenti indiretti che hanno permesso agli storici di elaborare alcune ricostruzioni plausibili.

Tutte le correnti di pensiero sono tuttavia concordi che Druso si sia attestato sulla sponda destra dell'Adige conquistando Castel Firmiano che, all'epoca, era un castelliere molto ben fornito e che si trovava in un ottima posizione strategica rispetto alla piana di Bolzano. Oggi, vi si trova uno dei Musei voluti da Reinhold Messner per onorare la cultura della montagna.

Il castelliere espugnato dai romani venne trasformato in castro per le truppe di Roma e, in seguito, con il passare dei secoli venne realizzato, sulle mura del primo e sulle fondazioni del secondo, il castello che domina, tutt'ora, la piana ove, ora, sorge Bolzano.

Lasciato il nostro ristorante e visitata la chiesa di San Giacomo, con i suoi affreschi romanici, ci siamo diretti verso Bolzano lungo la strada del vino e dopo aver costeggiato l'ambito Lago di Caldaro (una volta era parte di una palude i cui tentativi di bonifica cominciarono ai tempi degli etruschi(4)) abbiamo raggiunto Castel Firmiano.

Arrivati in orario di chiusura, ci siamo dovuti accontentare di osservarlo da fuori che era la cosa che, fortunatamente, c'interessava maggiormente nell'ottica della nostra gita odierna.

E' infatti facile immaginare Druso che, dall'alto del suo fortilizio, si studiava la piana e l'intreccio delle confluenze che vi si sviluppavano (il Talvera si suddivideva in tre rami prima di confluire nell'Adige) e le varie postazioni nemiche che si erano arroccate in castellieri situati, qua e là, lungo la sponda opposta dell'Adige e che gli sbarravano l'avanzata verso il Renon (tappa obbligata per accedere alla valle dell'Isarco).

Un castelliere, in particolare, sembra averlo interessato: quello che, oggi, soggiace nelle fondazioni di Castel Mareccio.

In realtà non si sa dove Druso abbia fatto costruire il mitico Pons Drusi che avrebbe dovuto sbloccare la viabilità fra le due sponde della valle dell'Adige. La zona doveva essere pressoché impraticabile essendo tutta impaludata e pertanto il ponte avrebbe fatto non solo da soluzione stradale, ma anche da punto di riferimento e di confluenza di transiti commerciali e pedonali dando di riflesso nome all'intera area. Ben presto cominciarono i primi insediamenti che, nel corso dei secoli, si trasformeranno nella città di Bolzano.

A questo punto sembra che Druso lasciò passare l'inverno fra il 16 ed il 15 a.C. per riprendere l'azione allo scioglimento delle nevi.

Nell'estate del 15 a.C. il condottiero scatenò i suoi uomini con l'intento di attestarsi dall'altra parte della confluenza delle acque ed assalire il colle del Renon.

Allora, tutti a bordo e via, a rotta di collo, attraverso la piana con Carolingio - che sembra essere conscio del suo ruolo fondamentale di macchina del tempo – che scansa Castel Mareccio, attraversa il Ponte Druso in Bolzano (non è quello costruito dai Romani), svicola attorno alla stazione della cabinovia - dove una volta erano convenuti, invano, i Reti a bloccare il passo alle truppe dell'aquila romana – e con una poderosa sterzata a manca ammorsa la salita al Renon per riportarci gradualmente ai giorni d'oggi ed al nostro albergo.

Per i Romani si trattò di un attraversamento assai più complesso: gli Isarci ed i Breuni si attaccarono ai soldati dell'Urbe con tale foga da far temere il peggio per quest'ultimi. Ma sembra, così narra la leggenda, che Druso si accorse che il morale del suo esercito stava soccombendo alla foga del nemico e che si portò, armi in pugno, in testa al suo schieramento riuscendo, da solo, a galvanizzare i suoi uomini che sterminarono i Reti in un bagno di sangue che si narra abbia arrossato le acque dell'Isarco.

La sponda settentrionale della confluenza delle acque era stata conquistata e la battaglia di Bolzano vinta.

Le legioni risalgono, quasi di un sol fiato, il colle del Renon e ridiscendono a Sublavione, attraversano il fiume e salgono sulla sponda opposta fino a raggiungere Siusi dove espugnano il castelliere.

Ma, per noi, ormai è giunta l'ora di cena e di concludere la giornata attorno al nostro gioco da tavola preferito.

Capitolo VIII

MERANO

Oggi è l'ultimo giorno che mia sorella e suo marito rimangono con noi, e così, decidiamo di andare a rivisitare i luoghi dove eravamo soliti villeggiare con i nostri genitori quando noi eravamo piccoli.

Mio padre guidava una FIAT 1300 ed eravamo soliti passare le nostre vacanze in un albergo di Merano di cui si è riusciti a ritrovare l'ubicazione senza grandi problemi.

Ecco il cancello che varcavamo con una certa gioia a bordo della nostra mille e tre', il viale è sempre lo stesso, il caseggiato ha subito delle modifiche nel corso degli anni (ahimè quasi mezzo secolo), ma la struttura che ci accoglieva è ancora individuabile. Chissà se "Carletto" è ancora lì a riceverci, l'auto questa volta è stata lasciata nel parcheggio della proprietà ai piedi del viale di accesso; mentre percorriamo il viale di ingresso ci domandiamo, più volte, se è il caso di salire le scale della reception: ci riconosceranno?

Io mi faccio coraggio e, gradino dopo gradino, mi

porto dietro tutti gli altri. Alla reception non c'è nessuno, al bar c'è un signore che ci guarda incuriosito, noi ci guardiamo intorno cercando di trovare un volto noto, niente. Il ragazzo del bar si accorge che aspettiamo che qualcuno ci venga ad accogliere alla reception e ci domanda cosa desideriamo. Io gli chiedo se il signor Carlo è sempre lì, lui si assenta un momento e, da una stanza, compare un signore di una certa età...: Carletto!

Carletto quando lo incontrai per la prima volta oltre ad essere in procinto di sposarsi fu anche il mio "istruttore" di Schuhplattler: un ballo tipico tirolese. Ora è nonno e uno dei suoi figli è "il ragazzo del bar".

Appare, dopo un po', anche la moglie e tutti insieme ricordiamo i tempi passati. Poi, con un brindisi, ci congediamo e riprendiamo la strada per Castel Tirolo.

Tirolo è uno dei paesini che sovrasta la città di Merano. Per arrivarci ci troviamo a passare per il quartiere Maia che prende il nome da Castrum Maiense che fu fatto costruire da Druso quando ormai era già di ritorno dal lago di Costanza (Lacus Venetus).

Druso però era già stato in questi luoghi quando si apprestava a sbaragliare i Genauni all'ingresso della Val Venosta.

Ora, che ci siamo seduti a tavola in un locale situato proprio in prossimità dell'orrido su cui sorge il castello di Tirolo, ritengo che sia giunto il momento di chiudere la vicenda atesina di Druso. Il tempo passa ed il condottiero romano ha sempre più fretta di arrivare dal fratello sul lago di Costanza dove si dovranno incontrare il primo di agosto per festeggiare, degnamente, il compleanno dell'imperatore Augusto. Così, dopo aver aperto la via per la Valle Isarco e sbaragliato le ultime resistenze alla confluenza dell'Isarco con il Rienza, il figlio dell'imperatore si assicura la valle attestando le sue truppe in prossimità del Colle Isarco poco oltre Vipiteno. In simultanea manda in Val Pusteria un suo luogotenente che la pone, senza grossi problemi, sotto il controllo dei soldati romani. A questo punto il figlio di Augusto ritorna di volata a Pons Drusi e si rimette in marcia verso Merano; fa scendere i suoi uomini dai monti, in riva destra dell'Adige, che l'aiutano a sbaragliare gli ultimi castellieri che si trovavano sulla loro strada. Lui, ormai, avanza sicuro lungo il fiume e si attesta nella piana di Merano: rimane da conquistare la Val Passiria e la Val Venosta.

Capitolo IX

LA VAL PASSIRIA

Mentre aspettiamo la pietanza, sempre in vista del Castel Tirolo, mi metto a disegnare ciò che mi sta innanzi e, mentre completo il disegno, vi porterò con mia madre in Val Passiria.

Per fare ciò dovrò fare una magia che solo i narratori possono fare: andremo avanti nel tempo di un paio di giorni e, con l'aiuto di Carolingio, avremo modo di viaggiare al seguito di Druso in mezzo ai terribili Assiriateses.

Eccomi dunque che "inseguo" Druso lungo la valle dell'Adige e finalmente lo raggiungo a Merano. Lui si sta già addentrando in Val Passiria. Io, con molto meno perizia cerco di districarmi nel dedalo di strade e stradine che attraversano la zona di Merano, chiamata Maia, che avevo già affrontato per arrivare a Castel Tirolo e che, ogni volta, mi affascina con le sue belle abitazioni immerse nel verde ed ogni volta riesco, bene o male, a perdermici dentro per un po'... almeno fino a quando trovo la prima indicazione.

Druso è già avanti di un bel pezzo quando riesco a ad avviarmi su per la valle.

Il valente romano dovette salire su per questa valle, lasciando provvisoriamente la piana di Merano per aiutare i suoi soldati. Quest'ultimi avevano infatti ricevuto ordine di salire la montagna sopra Vipiteno e di scendere in Val Passiria e di ricongiungersi all'armata nella piana di Merano.

 Gli abitanti di questa valle erano noti per essere dei feroci guerrieri: gli Assiriateses!

Ciò nonostante, Druso ed il suo esercito se la spicciano piuttosto rapidamente e, ritrovatisi in valle, ritornano velocemente nella piana di Merano.

Noi, invece, arrivati a San Leonardo (688 m s.l.m.)

che si trova alla base della salita per il Passo del Giovo 2094 m s.l.m. iniziamo a notare l'assenza di mia sorella e di suo marito, ci hanno salutato l'indomani della gita a Castel Tirolo, e ci ritroviamo un po' mogi e, così, ci fermiamo per una sosta e ci offriamo un bel pezzo di torta al cioccolato ed una gustosa bevanda calda. Fuori dalla finestra il tempo s'ingrigisce e minaccia pioggia. Però, anziché farci abbandonare la partita, la pioggia finisce con il risvegliare il nostro gusto per l'avventura e così, risaliti sulla nostra astronave del tempo, mentre Carolingio si scrolla la pioggia di dosso con uno scuotimento iniziale, noi ci scrolliamo di dosso la malinconia e, non appena il motore di Carolingio ci segnala che è pronto all'impresa, noi ci sentiamo come "Indiana Jones"[5] e la "Signora in Giallo"[6] alle prese con una nuova missione: se pioggia deve essere, che pioggia sia!

Carolingio affronta il primo tornante, il secondo,… qualche goccia,…,la strada si fa via via più stretta, si sale, si sale, un altro tornante, si sale, ancora un tornante, la strada nuovamente pianeggiante si srotola d'avanti al muso di Carolingio, la pioggia inizia - però - a prendere forza, accendo i fendinebbia, delle nuvole riducono sensibilmente la visibilità ma solo a tratti, la strada è buona. Si va avanti, una galleria, le spazzole del tergicristallo hanno appena il tempo di asciugare il vetro che si è di nuovo, fuori, sotto l'incessante e sempre più insistente scrosciare della pioggia, Carolingio ormai avanza a 10-15 km/h, inserisco il 4x4 ma non lo blocco in modo che entri in azione solo in caso di necessità. Carolingio ringrazia, a modo suo, riprendendo immediatamente un po' di vigore ed affronta la nuova salita, un altro tornante, un altro e un altro, la pioggia non accenna a diminuire, Carolingio è praticamente immerso nelle nuvole quando all'improvviso: un cantiere!

Che fare? La strada è ricoperta dal fango uscito fuori dagli scavi del cantiere, dall'acqua che ormai scende dai muri di sostegno della strada a mo' di cascata, rimanere nelle prossimità del cantiere significa "rischiare" di ricevere in testa la gru o rimanere vittima di un potenziale smottamento della costa della montagna. Blocco il 4x4 e non mi attardo oltre in quella posizione di pericolo latente, lo sbancamento realizzato per la deviazione stradale regge, Carolingio ritrova l'asfalto della strada, la montagna continua a scaricare acqua a manetta, un altro tornante e la strada come per incanto smette di arrampicarsi, siamo ormai quasi fuori dalle nuvole e anche la pioggia consente di riportare il tergi cristallo ad una velocità più bassa, ancora qualche piccola nuvola, qua e là, che consiglia di mantenere accesi i fendinebbia, siamo arrivati: il Passo del Giovo!

D'avanti a noi l'Edelweisshutte ci da il benvenuto. La sosta è d'obbligo, fosse solo per rilassare i nervi, ci prendiamo un paio di panini e qualcosa da bere.

Siccome, ormai, è quasi tempo di affrontare un altro momento storico dell'Alto Adige, anche perché la cameriera del ristorante ci sta graziosamente compilando la lista delle consumazioni e si accinge a presentarci il conto, io giro "la manopola del tempo" e vi porto in Val Venosta.

Capitolo X

LA VAL VENOSTA

Il nostro condottiero romano si sta aprendo il varco fra i Genauni che, nel frattempo, si erano trincerati all'imbocco della valle nell'estremo tentativo di fermare l'avanzata delle coorti romane.

Oggi, ho lasciato mia madre in compagnia di una sua amica che ci ha raggiunto per passare con noi gli ultimi giorni delle nostre vacanze.

Per arrivare in Val Venosta ho attraversato l'Altopiano del Renon e sono sceso in Val d'Adige aggirando la piana di Bolzano e mi sono fermato a visitare Castel Roncolo che al tempo di Druso era un temuto castelliere ed oggi, invece, è un interessante maniero medioevale da visitare.

Arrivato a Merano, anziché scendere in città, proseguo sulla superstrada e mi inoltro in Val Venosta.

Qui, Nerone Claudio Druso fulmina la resistenza dei Genauni e, a luglio fa erigere una fortificazione a Malles dove lascia un robusto presidio militare, ci saluta, e si dirige in Svizzera attraverso il Passo Resia ed arriverà puntuale all'appuntamento con il fratello sul Lago di Costanza. Altre grosse avventure attenderanno il nostro valoroso condottiero nell'oltralpe ma noi lo salutiamo qua perché il tempo vola e ci chiama altrove in altre epoche: Ave, Druso!

A Malles ed al Passo Resia c'ero stato con mio padre quando ero già giovanotto (10-12 anni) e mi ricordo che si andò a visitare alcuni luoghi di rilevante interesse storico: Glorenza, l'abbazia di Marienberg, il Lago di Resia fino ad arrivare al Passo Resia stesso.

All'epoca mio padre ci portava in villeggiatura con una berlina tedesca costruita a Monaco di Baviera e dotata di un quattro cilindri aspirato da 1800 centimetri cubici ed un bel po' di cavalli (HP) in più rispetto alla "mille e tre'" di costruzione nazionale. Il tetto era apribile, i sedili ampi e confortevoli: una pacchia. Di quella macchina ho ritrovato traccia in Carolingio, specie, nel suo ampio tettuccio apribile.

Del lago di Resia ricordo il campanile che spunta fuori dalle sue acque che riempiono un invaso artificiale realizzato evacuando il paese di Curon Venosta . La diga venne costruita fra il 1947 ed il

1950, il paese di Curon Venosta, ora, si trova sulle sponde del lago dove venne ricostruito contemporaneamente alla costruzione della diga. Il campanile è del XIV secolo.

In Val Venosta ci tornai, anni dopo, ormai studente universitario, con un gruppo di amici. Quella volta si scelse di soggiornare a Prato dello Stelvio e di girare la valle in "mountain-bike" o facendo "rafting" sull'Adige.

Si andò anche al passo dello Stelvio dove un'abbondante nevicata stava costringendo gli addetti agli impianti da sci a chiuderli per scarsa visibilità.

Oggi, prima di lasciare l'albergo, la notizia che gli impianti da sci verranno chiusi per le condizioni critiche in cui versa il ghiacciaio ci ha lasciato, non poco, straniti.

Dopo essermi fermato a Pracines, dove ha sede il museo della macchina da scrivere e dove sanno servirti un gustoso tagliere di speck e formaggi della zona da rimetterti subito in pista, ho raggiunto la località di Rablà che è situata solo pochi chilometri più addentro alla Val Venosta.

A Rablà, orari permettendo, si può visitare "Mondo Treno". "Mondo Treno" è una collezione privata di modellini che con i suoi (più o meno) 20.000 pezzi è una delle più grandi d'Europa e occupa una parte del percorso Alto Adige in Miniatura.

Purtroppo, contrariamente a quanto riportato nell'opuscolo turistico della Provincia di Bolzano, "Mondo Treno" è chiuso e così devo accontentarmi di studiarmi due modellini di locomotive a vapore situati in prossimità dell'ingresso.

Un tuono mi richiama in auto e, con Carolingio, salutato Druso, sfuggo il maltempo girando, di poco, la "manopola del tempo".

E' infatti giunto il momento di visitare Castel Tirolo e di portarci, nel Medioevo, ai tempi dei coraggiosi cavalieri e delle loro dame.

Fatto così ritorno al ristorante, dove nel frattempo ho avuto modo di terminare il mio disegno, e ritrovati i miei familiari ci incamminiamo verso il forte.

Dal ristorante si arriva al castello tramite una stradina che fiancheggia la montagna. Ad un certo punto si possono osservare delle strutture geologiche simili a quelle osservate sul Renon: le piramidi di terra. L'erosione del terreno ha scavato un orrido che protegge il maniero da eventuali assalti provenienti da Est.

La struttura dello "Schloss"(7) è strettamente medioevale e fu residenza della famiglia dei Conti del Tirolo. Una galleria nella roccia ci conduce contemporaneamente al borgo del castello ed indietro nel tempo…

… usciti dalla galleria ci troviamo immersi nel medioevo. D'avanti a noi si eleva un forte con tanto di mura merlate, di mastio ed alloggi più o meno signorili. C'è anche una cappella a due piani dove il popolo seguiva la funzione al pian terreno ed i signori vi assistevano dal piano superiore.

Capitolo XI

CASTEL TIROLO

Il maniero inizia a prendere forma nei primi del 1100 e forse anche prima. L'evoluzione dell'opera procede fino alla prima metà del XIV secolo.

Nel 1995 fu organizzata una mostra storica intitolata: "Il sogno di un principe. Mainardo II – La nascita del Tirolo"; la mostra venne realizzata, naturalmente, nel castello dove ebbi l'occasione di visitarla con i miei amici nell'agosto dello stesso anno. Un imponente catalogo riporta le fotografie di un'interessante serie di plastici che illustrano le varie fasi della costruzione del castello. Si presume che l'opera fu cominciata alla fine dell'XI secolo con l'edificazione di una cinta muraria inglobante una cappella alla sua estremità meridionale. Nel 1138 comincia una seconda fase che consolida le mura perimetrali, amplia ed integra la cappella con un edificio residenziale: il palazzo Sud. Costruiscono, anche, la torre Nord (il Mastio).

Alla fine del XIII secolo viene aggiunto il Mushaus e nel corso dello stesso secolo il castello verrà a prendere il suo aspetto attuale con la costruzione degli edifici posti lungo le mura occidentali, il completamento delle mura ad oriente e di un palazzetto (palazzo orientale) con la torre Parva. Sempre di questi anni sono le sopraelevazioni ed in particolare quella della cappella che viene dotata di un matroneo. Il congiungimento della cappella con la Mushaus è franato con un pezzo del costone che fiancheggia il castello ad oriente. Di particolare pregio sono i due portali scolpiti di epoca romanica che decorano l'ingresso del palazzo e della cappella.

Ora, entrando nella cappella a due piani del castello, faccio mente locale che oltre ad aver cambiato epoca (dal 15 a.C. siamo planati nel XI-XIV secolo) ho cambiato anche il quadro religioso. Se al tempo di Druso, in Alto Adige, si veneravano divinità della natura e, poi, quelle prettamente romane assieme a Iside e Mitra, importate in Alto Adige dai soldati romani provenienti dall'oriente, ed ivi stanziati da Roma, adesso mi "trovo" in pieno medioevo e la fine dell'Impero d'Occidente è ormai lontana.

Da quando il cristianesimo cominciò a permeare nei cuori delle popolazioni dell'Alto Adige, ai tempi di S. Ermagora, discepolo di S. Marco, e di S. Fortunato sono passati otto, forse, novecento anni. Anni che vedono il declino inesorabile dell'impero romano d'occidente.

Per la metà di questo periodo le popolazioni atesine si sono trovate scalzate dalla sicurezza e civiltà dell'impero romano (Pax romana) ed immerse negli orridi meandri della storia umana: le invasioni dei barbari!

Le invasioni porteranno devastazioni e massacri. Le genti latine sapranno, in parte, sottrarsi agli ultimi e rifarsi sulle prime.

Ma con la fine dell'impero d'occidente (fine del V sec.) Le cose per l'Alto Adige scivolano sempre più nel vortice della storia: le lotte di potere.

Ostrogoti, Longobardi e Bajuvari, Bizantini, Franchi e Carlo Magno, l'invasione degli Ungari del 908 portano all'assedio di Castel Firmiano ed alla calata degli imperatori di Germania.

Tutto questo movimento selvaggio ed irrequieto di umanità fa si che le fortificazioni divenivano sempre più necessarie. I monaci erigevano conventi fortificati ed ogni monarca succedutosi nel governo della zona di nostro interesse cercava di garantire la sicurezza del territorio da ulteriori attacchi. A tal fine gli amministratori delle valli atesine finirono presto con l'arroccarsi erigendo di fatto un gran numero di castelli.

La discesa dell'imperatore di Germania, che voleva andare a farsi incoronare dal Papa trova tuttavia un ostacolo militarmente inespugnabile e non ignorabile che portò all'assedio di Castel Firmiano ed all'ascesa al potere dei conti di Val Venosta che erigeranno Castel Tirolo anche con i cospicui aiuti ricevuti dall'Imperatore stesso.

Un'altra conseguenza di tutto questo susseguirsi di regnanti ha portato questa zona della penisola italiana a cambiare progressivamente lingua. Così, la popolazione che era stata integralmente latinizzata dai romani, iniziò a parlare, sempre più, in tedesco. Infatti se i Longobardi avevano accettato di adottare il Latino come lingua ufficiale, i Goti rimasero fedeli ai loro usi e costumi ivi compresa la loro lingua.

Mentre aspetto che i miei familiari finiscano di visitare il castello ci possiamo soffermare un'istante sulla parte avuta dai fatti di Castel Firmiano sulle sorti dei conti di Val Venosta.

Capitolo XII

CASTEL FIRMIANO

L'ORIGINE DELLE TRAME TIROLESI

Abbiamo già visto Castel Firmiano mentre percorrevamo la strada del vino.

Il castello veniva chiamato in tempi remoti Castel Formigario ed era l'evoluzione strutturale del castelliere retico conquistato da Druso e del castro romano in cui lo fece trasformare.

Anche Berengario II marchese d'Ivrea (nipote di re Berengario) dovette prendere atto della strategicità della posizione di Castel Firmiano e nonostante il cospicuo esercito di svizzeri e germanici, assoldato grazie al solido appoggio ottenuto da re Ottone di Germania (945-47), dovette fermarsi innanzi alla sua postazione ed adottare altre tecniche diverse da quella militare.

Egli tentò, infatti, di aggirare l'ostacolo facendosi aprire la "porta" dall'interno della corte del suo potenziale nemico: Ugo di Provenza.

Per ottenere ciò non si fece scrupoli ed utilizzò tutte le astuzie dell'arte diplomatica ed ottenne, così, la fortezza in cambio di alcune solenni promesse che vennero presto dimenticate una volta intronatosi al posto di Ugo di Provenza che si vide costretto a cederglielo.

Tuttavia la splendida sorella di Ugo di Provenza, Adelaide, poteva essere un pericolo per la stabilità del trono di Berengario II e, così, questo volle assicurarsi la posizione facendola sposare a suo figlio. Adelaide rifiutò e con l'aiuto di un chierico riuscì a rifugiarsi nell'imprendibile rocca di Canossa ed a chiedere aiuto all'imperatore di Germania. L'Imperatore non si fece pregare due volte e scese in Italia dal Brennero e sposò Adelaide a Canossa(8).

Berengario II diventa re d'Italia ma Trento e Verona gli vengono sottratte dall'imperatore che le assegna al ducato di Carandania(9) ed ecco che l'Alto Adige acquisisce ufficialmente una veste germanica che è quella che porterà definitivamente la popolazione di quei luoghi a parlare tedesco.

Ma perché questi eventi sono importanti per la realizzazione di Castel Tirolo e per i conti della Val Venosta?

In primo luogo il matrimonio porterà l'Alto Adige sotto il dominio degli imperatori di Germania ed in ultima

battuta, prima del 1000, della casa dei Baviera e nella persona di Guelfo di Baviera.

Le diatribe fra Guelfo e l'imperatore di Augusta danno origine alle lotte di potere fra Guelfi e Ghibellini che finiranno con il vedere concretizzarsi le rivalità in due schieramenti: nobiltà di derivazione imperiale (Longobardi, Franchi, Ostrogoti) da una parte, i Ghibellini, ed i Guelfi contrari al potere imperiale e spesso sostenuti dal Papa e, quindi, ad esso facenti capo dall'altra parte.

L'imperatore Corrado II si troverà immerso, dal capo ai piedi, in queste beghe di potere che in Alto Adige si focalizzano nell'intorno dei principati vescovili. Questi, infatti, non sapevano più come comportarsi: le terre e le fortune le avevano ricevute con l'infeudazione imperiale mentre come religiosi dipendevano dalla volontà papale.

E, qua, arrivano i conti che i principi avevano incaricato, quali loro avvocati, di gestire le varie porzioni di territorio che l'imperatore aveva loro assegnato.

In questo "minestrone" politico la contea della Val Venosta e quella di Appiano finiscono per confinare fra di loro.

I conti di Venosta, infeudati dall'imperatore su

richiesta del vescovo principe di Trento, si sentono Ghibellini e quindi fedelissimi dell'imperatore; i conti di Appiano si sentono invece Guelfi e ciò porta i conti di Venosta a Tirolo dove inizieranno a costruirsi un Castello. Alcune fonti riportano che i conti di Venosta si spostarono a Tirolo prendendo possesso di un piccolo castello preesistente.

La fedeltà dei conti di Tirolo all'impero venne loro riconosciuta e premiata dall'imperatore stesso e così i Tirolo poterono potenziare progressivamente il loro castello.

L'orientamento dello stesso sembra che volesse essere un monito per i loro potentissimi confinanti: i conti di Appiano. La rivalità con gli Appiano durò 28 anni finché Federico I, il Barbarossa, vi pose termine per un errore tattico degli Appiano. Gli Appiano vennero di fatto destituiti dai loro poteri e sottoposti, direttamente, al vescovo di Trento (la vittima del loro errore tattico). I conti di Tirolo si videro così, involontariamente ed inaspettatamente, sgomberata la loro strada per il successo. Divenuti pure avvocati del principe vescovo di Bressanone, i conti di Venosta finiranno con il dominare sull'intera regione: il Tirolo.

La dinastia dei Tirolo governerà fino alla propria estinzione nel 1369 con Margareta detta la "Maultasch" (bocca a forma di tasca) che donò, ereditariamente, la contea a Rodolfo IV d'Asburgo il 26 gennaio 1363.

Oh, eccoli! Finalmente, era l'ora, non ne potevo più di queste faccende medioevali: che guazzabuglio!

Eccoci di nuovo tutti insieme, pronti a precipitarci in albergo dove la "nostra" Sig.ra Rottenmeier(10) ci starà già aspettando per la cena.

Domani mia sorella e suo marito ci saluteranno per tornare al loro lavoro ed io sto già pensando che fra qualche giorno arriverà "Mary Poppins"! (11)

Capitolo XIII

"MARY POPPINS" IN AVVICINAMENTO!

Questa mattina mio cognato e mia sorella si sono svegliati di buon ora per non perdere l'aereo che da Venezia li avrebbe portati a casa. Mi ritrovo incantato, come tutte le mattine, a guardare il panorama dall'ampia vetrata che abbraccia la sala da pranzo mentre mia madre confabula con mia sorella e suo marito. Finita la colazione, caricati i bagagli in auto, arriva inevitabilmente il magone, per via dei saluti di circostanza, gli anni passano e spero che, anche questa volta, il mio migliore saluto e sorriso riescano a mascherare quello strano senso di tristezza e di liberazione che da sempre mi si combattono in simili circostanze(12).

Ecco che la loro macchina lascia il piazzale del parcheggio dell'albergo, una mano spunta fuori dal finestrino per l'ultimo saluto, e si eclissa dietro la curva che la stradina privata dell'albergo fa prima di immettersi sulla pubblica via.

Mi giro verso mia madre ed ancora con gli occhi un po' lucidi ci ricordiamo che nonostante sia domenica dobbiamo ancora pensare a rimettere in sesto il nostro guardaroba per l'arrivo di "Mary Poppins".

"Mary Poppins" è il soprannome che ho attribuito all'amica di mia madre che ci raggiungerà per passare con noi gli ultimi giorni di vacanza. Quest'amica è un'insegnante molto attenta a non venir meno al suo ruolo di educatrice e di istitutrice e, proprio come Mary Poppins, riesce ad animare la vostra giornata in modo interessante e divertente al contempo e, analogamente a Mary Poppins, come arriva se ne va: quando gira il vento!

E' tempo di muoversi e di scendere a Bolzano ma, come arriviamo alla commenda di Longomoso, veniamo attirati da un assembramento di persone in costume: gli Schuetzen!

Fermo la macchina nel parcheggio di Collalbo e con mia madre ci incamminiamo lungo la passeggiata, che funge anche da pista ciclabile fra Collalbo e Longomoso, per cercare di capire che cosa faccia tutta quella gente in costume, in mezzo alla strada.

Una prima macchina della polizia locale ferma il traffico e dall'altra parte del gruppo in costume altri poliziotti si adoperano per fare altrettanto.

Sono i volontari dei vigili del fuoco che in abito tradizionale si stanno approntando per la sfilata che inaugura la festa del loro corpo presso la "collina

delle sagre". La loro fanfara deve aprire la sfilata che da Longomoso porterà la gente fino al banchetto dei festeggiamenti presso Collalbo.

Assieme alla fanfara sfilerà un gruppo di Schuetzen. Gli Schuetzen formano un corpo di tiratori locali che

fu istituito nel 1511 per la difesa del territorio tirolese.

Il direttore della banda musicale lancia un paio d'ordini in tedesco ed… è subito festa!

Io, incantato come i bambini che saltellando d'allegria seguono la sfilata musicale, mi metto a scattare delle fotografie ed a seguire il corteo fino al luogo dei festeggiamenti.

Terminata momentaneamente la musica, una volta arrivati a destinazione, mi ricordo di Mary Poppins e

di ciò che dovevamo fare in giornata; si riparte per Bolzano dove riusciamo a fare le cose di primaria necessità ma, anche, dove il caldo ci impedisce di visitare Castel Mareccio.

E' incredibile come cambia la vita ai due capi della cabinovia e, così, optiamo per risalire in quota al più presto. Lì potremmo goderci una simpatica giornata di riposo e di vita alberghiera.

Arrivati in albergo, comunico a mia madre il mio desiderio di salire, il giorno dopo, lungo la Val Passiria e di scendere dal Passo del Giovo in Valle Isarco e quindi fare una puntatina fino al passo del Brennero e di ridiscendere, poi, la valle fino a Colma e, infine, di risalire in albergo.

Capitolo XIV

L'ABBAZIA DI NOVACELLA

Avendo già raccontato della Val Passiria in precedenza, adesso, riprenderemo il viaggio con Carolingio e scenderemo giù dal Passo del Giovo.

Il tempo è migliore di quello che avevamo trovato salendo fino alla forcella e la discesa su Vipiteno è rapida e priva di problemi.

Accertatomi che al Brennero non ci fosse alcuna esagerazione frontaliera, ne sul fronte italiano, ne su quello austriaco, ho rapidamente invertito la rotta ed agendo sulla manopola del tempo ci siamo portati rapidamente all'epoca del principato del vescovo di Bressanone.

Il Principato di Bressanone fu istituito il 7 giugno del 1027, ovvero, una settimana dopo quello di Trento. Al principato di Bressanone vennero attribuite, da Corrado II, le terre della Valle Isarco e della Val Pusteria.

Mentre nel principato di Trento sorgeva l'astro nascente dei conti di Tirolo ed il relativo castello, nel Principato di Bressanone sorgeva l'abbazia di Novacella.

Tuttavia prima di arrivare all'abbazia mi fermo attirato dall'imponenza del Castel Tasso, uno dei due castelli posti a difesa della conca di Vipiteno. La zona, oltre ad essere di strategica importanza per garantire la sicurezza della Via degli Imperatori fra Augusta e Roma, era un importante centro commerciale fra Nord e Sud Europa.

Il Castello venne rimaneggiato nel XV sec. dai Cavalieri Templari e, molto probabilmente, la sua prima edificazione è antecedente al mille. Nella Chiesa di S. Zeno, che lo completa, si sono trovate delle bare dell'VIII secolo di origine Bajuvara che avallano tale datazione.

Nel 1813 divenne di proprietà dei conti Turn und Taxis di Ratisbona che lo detengo tuttora.

Il castello fu edificato su di una collina circondata da una palude, poi, bonificata.

Sulla sponda opposta dell'isarco svetta Castel Pietra

che, però, è di fattura più recente (XIII-XV sec.) ed è anch'esso di proprietà privata ed appartiene ad una nobile famiglia di Salisburgo: gli Auersperg.

Stilfes, i cui conti furono proprietari di Castel Tasso a partire dal 1140 e finché non divenne dei Cavalieri Templari, è un simpatico paesino di montagna che si è riunito attorno alla sua chiesa, San Pietro, datata

1477. Il paese ha, però, origini più remote e vanta menzioni ufficiali in documenti del 827/828.

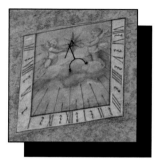

Quasi di fronte, sull'altra sponda sorge il paese di Trens che si raduna, invece, attorno alla chiesa di Santa Maria che racchiude una preziosa statua lignea della Madre di Gesù che è, da secoli, ritenuta miracolosa.

Trens è sicuramente un insediamento di origine romana – Torrentes - posto sulla via per Vipitenum (Vipiteno) ma i luoghi erano già abitati nella preistoria ed alcuni sentieri si sono trasmessi fino a noi nel corso dei millenni.

Sono sempre di questa zona alcuni ritrovamenti dell'età del bronzo (1700-1000 a.C.).

Lasciamo queste località certi che meriterebbero più tempo ed attenzione, ma chi la sente la "Rottenmeier"? E, noi, dobbiamo ancora fermarci a visitare l'abbazia di Novacella.

"Allora, Carolingio, che aspettiamo? Avanti tutta!"

E, così, con quelle magie che riescono solo nei racconti, in men che non si dica, ci troviamo nel parcheggio dell'abbazia. Un'imponente costruzione

cilindrica simile ad un mausoleo romano ci da il Benvenuto. Si tratta della cappella di San Michele che fu edificata a guardia del portone di accesso del complesso conventuale.

Abbiamo appena il tempo di addentrarci fino alla Chiesa della Madonna che costituisce il cuore del complesso monastico. Per arrivarci bisogna passare sotto l'edificio della biblioteca, superare il cortile del "Pozzo delle Meraviglie"(13) ed infine entrare in chiesa

passando sotto l'imponente torre campanaria che si fregia, oltre all'orologio, di una preziosa meridiana.

Autori di questo capolavoro furono i monaci Agostiniani che avviarono l'opera nel 1142. Il complesso fu assemblato in modo da risultare autosufficiente anche grazie alle ricche dotazioni di

terreni e boschi di cui ha potuto beneficiare.

Oggi, circondata da vigne e frutteti, offre il risultato dei suoi raccolti in una raffinata cantina che sorge in prossimità della cappella di San Michele.

Dato, dall'alto, un ultimo sguardo al complesso religioso lasciamo Bressanone per raggiungere Sabiona. L'Acropoli del Tirolo, così viene chiamato il monastero Benedettino che osserva la Valle Isarco dalla sommità della sua rupe, come un gatto che vi osserva sornione dal tetto di un armadio, conscio della sua imprendibilità. Infatti, per il turista, il complesso è raggiungibile solamente a piedi per sentiero o tramite via crucis. La passeggiata richiede quasi un'ora ed impegna il pellegrino in una salita di circa 200 m. Inutile dire che sia mia madre che la Sig.ra Rottenmeier mi impongono di desistere e di puntare decisamente verso l'albergo.

Ora è importante sapere che tra qui e Colma è ubicata la località di Sublavione e che proprio in questa zona si sviluppa un dedalo di viuzze che si arrampicano sulla costa della montagna per raggiungere il Renon. Ed, infatti, è proprio qui che Druso, arrivato sull'altipiano, scese in Valle Isarco nella sua salita al Brennero. La mia idea è proprio di ripercorrere la strada del condottiero romano a ritroso, ovvero quella di tornare in albergo salendo per una di quelle stradine.

Purtroppo le abbondanti piogge di questa mattina hanno costretto le autorità a deviare il traffico e così siamo dovuti risalire sul Renon per la via classica che è sicura, confortevole e ci consente di godere uno splendido tramonto.

Ahimè! La deviazione ci ha fatto perdere una buona mezz'ora sul rollino di marcia e così con le soste fotografiche resesi assolutamente obbligatorie durante la salita verso l'altipiano, siamo arrivati in albergo appena cinque minuti prima della chiusura della sala da pranzo.

Inutile dire che la "Sig.ra Rottenmeier" ci ha folgorato con uno sguardo terrificante: "NON FATELO MAI PIU'!"

Sedutici a tavola, piccoli piccoli, abbiamo consumato la nostra cena, praticamente in silenzio, per non attardare, oltre, il servizio.

CHE GIORNATA!

Capitolo XV

CASTEL TAUFERS

Sgattaiolando giù dalla "porta di servizio" dell'Altipiano del Renon scendiamo in Val d'Isarco lungo la stradina che molto probabilmente ricalca i passi del nostro condottiero romano.

Ci ritroviamo di fronte al Castel Trostburg dove ha sede il museo dei Castelli dell'Alto Adige. Il museo è famoso per la collezione di riproduzioni in scala che rappresentano un'ottantina di manieri sudtirolesi. Ma l'obbiettivo di oggi è di andare a visitare il guardiano delle vette: il castello di Tures (Schloss Taufers).

Entrambe i castelli appartengono al Südtiroler Burgeninstitut che si occupa della loro gestione e conservazione. Quello di nostro interesse è stato acquisito dall'istituto nel 1977.

Mentre vi racconto queste due righe introduttive, con Carolingio lasciamo la Valle Isarco all'altezza dell'immissione del Rienza nell'Isarco, ovvero, più o meno, all'altezza di Bressanone dove si piega per la Val Pusteria che percorriamo fino all'altezza di Brunico. A questo punto, svolto a sinistra e comincio ad addentrarmi nella Valle di Tures fino ad arrivare a Campo Tures che è un po' la capitale della valle.

Il Castello di Taufers sembra essere verosimilmente del XIII secolo mentre la famiglia dei Taufers segue, all'incirca, le stesse sorti dei Tirolo ma all'ombra del principato di Bressanone. I Taufers sono imparentati con i conti di Appiano e con il vescovo di Bressanone (il principe) che è il cugino di Ugone di Taufers. I

Taufers nonostante siano dei baroni si rivelano persone dall'ottima posizione economica, cosa che rende la famiglia molto ben accetta anche nei ranghi dei suoi superiori. Il Castello, che raggiungiamo dal paese attraverso un ponte di legno, ci attende, a pié fermo alla fine di un sentiero che ci porta indietro nel tempo, e ci fa assaporare la distanza posta fra i signori di Taufers ed i loro sudditi. Il Castello pone,

innanzi all'avventore, un ultimo ostacolo che una volta sarebbe stato superato solo dall'amico: il famigerato ponte levatoio!

Per fortuna quei tempi sono ormai lontani ed il ponte si prostra ai nostri piedi per farci entrare

definitivamente nel tardo medioevo. Si sale fino al cortile centrale dove ferve l'attività del borgo e l'oste ci offre di che alleviare il nostro appetito, finché, non si sa da dove, compare una leggiadra fanciulla di velluto vestita che ci invita a seguirla per le stanze del maniero. La turrita costruzione è arredata di tutto punto, con i mobili originali dei signori del castello, vanta anche un fantasma e strane creature della foresta che hanno, pare, virtù divinatorie...

Tra diavolerie medioevali, raffinati interni d'epoca e finestre dai colpi d'occhio affascinanti, la leggiadra fanciulla ci saluta sull'uscio di casa e...ma di qua come si scende...ehi!... signorina?... niente, ormai ha chiuso la porta. Proverò ad andare avanti, però sembra che le tavole di questo camminamento di guardia reggano anche il mio peso (sigh! Tutt'altro che trascurabile)!...una torre!... Forte!... si salgono scale su scale ed infine ci si rinfranca con una bella vista sulla Valle di Tures. Ed ora scendo, scendo, e scendo ed infine mi ritrovo nel cortile; ma com'è che ho avuto l'impressione di girare sempre a destra ed esco alla sinistra di dove sono entrato? Mah…

...misteri da castelli!

Ah, dimenticavo, oggi si può anche salire al Castello con l'auto! Magari per chi ha qualche difficoltà deambulatoria troverà questa notizia di suo gradimento. Ricordatevi tuttavia che trattasi sempre di castelli e che furono costruiti con il preciso scopo di rendere difficile la vita agli altri!

Guardiano delle vette? Perché?!

Se i cannoni del castello restano freddi, e se Giove tonante tace e si da pace, forse riuscirete a vedere la vetta delle vette fra le vette.

Capitolo XVI

MARY POPPINS!

Oggi pomeriggio arriverà "Mary Poppins" e questa mattina occorre trovare una gita breve che ci occupi la prima parte della giornata, dopo uno sguardo alla carta, mi viene in mente che c'è un altro posto sul Renon dove è possibile avvistare le piramidi di terra: Soprabolzano.

La cartina turistica dell'Altipiano del Renon riporta un giro che permette di visitare le pendici supervisionate dalla cabinovia e dove, l'ultima volta che l'avevo utilizzata, avevo avvistato un cerbiatto (Si si: un Bambi![14]). Chissà se oggi avrò la fortuna di avvistarlo di nuovo?

Mia madre reputa la risalita un po' troppo ardua, per lei, e mi lascia piede libero. Lei farà una passeggiata più pianeggiante che la porterà fino al paesino di Maria Assunta a qualche chilometro da Soprabolzano. Io, invece partirò da Soprabolzano, farò un pezzettino di strada con mia madre e poi inizierò la discesa e mi ritroverò con lei per l'ora di pranzo nello stesso punto in cui ci lasceremo all'andata.

Ma, intanto, bisogna salire sul trenino del Renon; e che trenino! Per una pura combinazione di orari riusciamo a salire su una delle poche corse che il trenino storico del Renon compie nell'arco della giornata durante tutta l'estate per il piacere dei nostalgici e dei turisti che, statistiche alla mano, amano molto il "nostro" beniamino.

Ed allora: "Tutti in carrozza!"

Il trenino è costituito da una carrozza lignea del secolo scorso. Eh si, il trenino storico compie, quest'anno (2017) la bellezza di 110 anni!

La proloco, per festeggiare questo compleanno, ha preso delle iniziative tutte particolari: bottiglie di vino dedicate al trenino, timbri filatelici particolari, serate gastronomiche itineranti a bordo del trenino,…

Mentre il trenino si ferma alle varie stazioni intermedie, io mi domando cosa offrivano ai turisti che avevano partecipato alla cena itinerante. Il programma prevedeva, infatti, che a ciascuna stazione i passeggeri si fermassero a degustare una pietanza accompagnata da una bevanda di loro gradimento. In Tirolo oltre ai buonissimi vini ci sono succhi che solo di recente si cominciano a vedere sugli scaffali dei supermercati: succo di mela, di lampone, di mirtillo, d'uva (che non è ne vino ne mosto cotto) che non sono alcolici, grappe e sidri

completano marginalmente il panorama delle specialità. Così, di stazione in stazione, si arriva a Soprabolzano che è anche stazione di partenza della cabinovia per Bolzano. Noi lasciamo il trenino e ci incamminiamo verso il centro del paese dove c'è una piazza munita di comode panchine e una fontanella dove riempio la mia borraccia, un saluto e via giù per la china.

Il sentiero 23 comincia nei pressi della piscina, ma ancora prima di raggiungere il suo imbocco incontro un gruppo che fa trekking accompagnato da dei lama. DEI LAMA?! Si, proprio dei lama a quattro zampe con tanto di vello di lana. Fortunatamente questi erano intenti a brucare erba e cespugli sulla scarpata della stradina e non a sputare in faccia agli estranei!!! Tiro dritto approfittando del disinteresse dimostratomi dai quadrupedi. Il tempo è coperto ma,

le nuvole sono ancora alte nel cielo e, ciò lascia la vista libera fino all'orizzonte che viene chiuso dal gruppo dello Sciliar e da quello del Latemar. Il sentiero 23, detto anche l'anello di San Giacomo, mi

porta attraverso i boschi, con la via degli imperatori,

fino alle piramidi di terra di Soprabolzano. Le guglie di terra, qui, ci rammentano, meglio che altrove, che il fenomeno è tutt'altro che stabilizzato e che il panorama che ci offrono è in permanente evoluzione. Tornando sulla via Romea, utilizzata non

solo dagli imperatori ma anche dai pellegrini che si dirigevano a Roma, un fungo richiama la mia attenzione e mi ricorda che il tempo instabile, che ci mantiene l'aria fresca ed il paesaggio limpido, ha

generato anche le condizioni climatiche ideali per far spuntare fuori i "nanetti dei boschi" dai loro nascondigli. Dopo i "funghi di pietra" terrò attiva la mia attenzione anche per questi graziosi, ma talvolta velenosi, prodotti di madre natura.

Il sentiero 23 oltre a farci percorre stradine millenarie ci consente di osservare la geologia dei luoghi e, così, porta la nostra attenzione sulla pietra che forma il basamento dell'altipiano: il porfido.

Il porfido è una roccia molto molto dura ma che presenta, a tratti, una certa fragilità. Tale fragilità ne facilita la spaccatura naturale che a sua volta facilita l'infiltrazione dell'acqua che finisce per raccogliersi in profondità. L'acqua così risorge a mezzacosta lasciando l'altipiano senza acqua sorgiva tutto l'anno. Il Renon è, per questo motivo, noto come il territorio più arido di tutto l'arco alpino.

Continuando il sentiero verso valle si finisce per riprendere la strada asfaltata che collega Maria Assunta con la chiesetta di San Giacomo ed alcuni masi.

Oltrepassando i masi mi sono fermato ad osservare il lavoro meticoloso che queste famiglie di agricoltori riescono a produrre realizzando delle vigne geometricamente perfette. E, mentre mi attardavo sulla via, mi sono accorto che una Averla piccola (Lanius collurio, Linn.) mi osservava quasi a dire: "Beh? Che guardi, non hai mai visto una vigna?" ... "Ma guardi me o la vigna?" ... "Cammina, che la strada è ancora lunga; io ho le ali ma tu ..." Io, le ali non ce l'ho ed il pennuto ha ragione, mi devo dare una mossa se non voglio arrivare tardi all'appuntamento con mia madre. Poco oltre trovo, di nuovo, l'imbocco del sentiero che mi porta a girare proprio sotto la chiesina di San Giacomo ma sempre nel bosco, dove compaiono altri "nanetti" dal

cappuccio rosso. Questi devono aver avuto a che discutere con un "Troll", hanno tutti il cappello rovinato e sembrano a delle mele rosse cadute da uno zaino. Continuando per la via, che ora si rifà piana dopo un breve tratto in salita, posso ammirare, in tutta la loro bellezza, le rigorose geometrie delle colture che caratterizzano tutto l'Alto Adige. La

stradina riprende a salire ed esce gradualmente dal fitto del bosco dove una farfalla approfitta per scaldarsi le ali al sole. La via impone una scelta: la

direttissima o la via turistica? Io scelgo la direttissima che mi porta a passare proprio sotto la cabinovia e, in fine, di nuovo sulla strada asfaltata dove, in lontananza, scorgo il campanile di san Giacomo che svetta in mezzo alla vegetazione.

Il peggio è già, per fortuna, alle spalle e proseguo lungo una stradina che mi avvicina al paese e, quando ormai penso che l'avventura sia finita, ecco che in un campo sul lato della strada, vedo, sotto un albero, delle uova di struzzo... UOVA DI STRUZZO?!... Frena, frena, frena un momento; sul

Renon ci saranno pure dei lama ma non mi risulta che ci siano degli struzzi e, soprattutto, non a piede libero... Ci sono: è un bambino che ha dimenticato i suoi giochi nel campo!?... No, no, no, non possono essere dei palloni da Volley ... Guardiamoli più da vicino ... Dei funghi! Da non credersi, ma sono proprio dei bellissimi funghi (Calvatia Gigantea (15))!

-"Certo!"

- "Chi ha parlato?"

- "Io!"

- "Io, chi?"

- "Io, qua giù!"

- "Ah, Lei messer lo Bruco."

- "Si e, siccome vengo da destra, ho la precedenza!"

- "Oh, mi scusi tanto. Ma ha visto che funghi?"

- "Certo e, se permette, me li sto andando a mangiare."

- "Prego e buon appetito."

- "Gruß Gott!"(16)

- "Gruß Gott!"

Finalmente salendo ancora un po' si arriva all'altezza della ferrovia e al paesino di Maria Assunta. Il trenino del Renon percorreva questo tratto quando saliva da Bolzano con la cremagliera. Ora, il tratto è sostanzialmente inutilizzato ma, conviene comunque prestare attenzione nell'attraversare i binari ed astenersi dal percorrerli a piedi. I binari potrebbero essere sempre utilizzati per manovre tecniche.

Passata la "via di ferro", lo splendido panorama (il gruppo dello Sciliar) mi spinge a "giocare" con lo specchio sferico del passaggio a livello che mi ricorda il profilo del topino di disneyana memoria.

Il sentiero si insinua nel caseggiato dove una gigantesca gru coronata "lascia" passare solo i buoni. Per fortuna, oggi, io ho fatto il buono e la gru mi lascia raggiungere mia madre per la colazione.

La trovo seduta sulla panchina che avevamo individuato all'andata e mi racconta che era arrivata fino alla stazione di Maria Assunta e che, dopo aver fatto un giro per il grazioso paesino, era tornata sui suoi passi. Io prendo dallo zaino i panini che avevamo comprato al mattino, prima di prendere il treno, presso una panetteria di Collalbo.

Dopo esserci rifocillati ed aver riposato un momento, ci rimettiamo in cammino per raggiungere la stazione di Soprabolzano. Arrivati in stazione scopriamo che il trenino era appena partito e, così, ci siamo accomodati al bar dove abbiamo preso un bellissimo gelato.

Ci domandavamo se avremmo trovato "Mary Poppins" ad attenderci in albergo, o se saremmo riusciti a tornare prima del suo arrivo, quando il nostro beniamino è entrato in stazione scaricando una comitiva di baldi turisti che, precipitosamente, sono andati a prendere la cabinovia lasciandoci libero il posto in carrozza. Il trenino è quello nuovo e così abbiamo potuto constatare che l'evoluzione del settore punta soprattutto a migliorare il confort lasciando all'estetica un ruolo, tutto sommato, secondario ma, pur sempre, non sottovalutato.

Arrivati in albergo osserviamo che "Mary Poppins" era nell'aria. Il suo mezzo di trasporto era attentamente allocato nel posto a lui destinato. I bagagli erano già stati trasferiti nell'alloggio di cui, ella, aveva già preso possesso. Come era prevedibile, arrivati alla reception, il messaggio rilasciatoci dall'addetto era semplice, preciso, breve e privo di qualsiasi commento: "Ci vediamo per cena alle 19h00".

Per ricevere Mary Poppins, "comme il faut"(17), occorreva raggiungere, in fretta, le nostre pertinenze per rimetterci a nuovo.

La cosa, non so perché, risulta sempre più facile a mia madre che a me.

Per fortuna, erano sopravvissuti, al lavaggio automatico di Bolzano, una camicia stirata ed un paio di pantaloni decenti. Tutto il resto deve avermi richiesto, pressoché, un'eternità visto che quando sono sceso nella "living room" le due signore erano già lì ad aspettarmi (?!) chiacchierando di tutte quelle cose importantissime, ma che solo due donne riescono a mettere insieme. Mi sembrava che stessero lì da ben più di un momento e, così, lascio a mia madre l'onere di accogliermi nel salottino. L'argomento della serata era la, non poco rassicurante, aggressione di un turista da parte dell'orso del sentiero 33. Me l'ero dimenticato anche perché il nostro programma non prevedeva dei grossi spostamenti a piedi e l'unica gita effettuata da solo, l'avevo appena terminata senza alcun spiacevole incontro. Così, purtroppo, non è stato per una manciata di persone che, durante la nostra permanenza in Tirolo, si sono viste aggredite dal simpatico animale. Il salottino si era ovviamente diviso in due fazioni: la prima diceva che il povero orsetto era stato importunato dai turisti al punto da vedersi privo di scampo; la seconda, invece, riteneva che il programma di reintroduzione dell'orso in Alto Adige non era stata poi, tutto sommato, una buona idea. Mia madre risolse il caso facendoci notare che gli altri avventori avevano già cominciato a cenare e che sarebbe stato opportuno seguire il loro esempio.

Mentre mi avvicinavo alla sala da pranzo mi domandavo, tra me e me, come sarebbe stato l'incontro fra "Mary Poppins" e la "Rottenmeier".

Un incontro di scherma femminile ai massimi livelli non poteva essere più avvincente. La partita si disputava sul fatto che "Mary Poppins" voleva che le servissero solo quello che lei chiedeva e non altro. La "Rottenmeier" difendeva gli "ordini di scuderia" ovvero: un'insalata da comporsi personalmente dal cliente presso il buffet, un primo a scelta, un secondo a scelta ed il resto in automatico come da menù. Questa volta, di una punta di naso, ha vinto la "Rottenmeier".

Capitolo XVII

L'ALPE DI SIUSI

A colazione la contesa "Mary Poppins"-"Rottenmeier" era al secondo round: "Perché ordinare la cena di prima mattina?"

Per fortuna la gita di oggi ha il potere di orientare l'attenzione, di tutti quanti noi, verso la stessa meta.

Mentre, tutto contento che mia madre avesse una lontana cugina con cui passare il tempo, stavo pensando che avrei potuto iscrivermi a qualche gita di livello un po' impegnativo e, magari, andare a fare una discesa di rafting sull'Isarco o andare alla ricerca delle impronte dei dinosauri, mi trovo lanciato verso l'Alpe da mia madre, da solo con "Mary Poppins".

Infatti, al momento di comprare il biglietto dell'ovovia che conduce sino all'altipiano dell'Alpe di Siusi, mia mamma si era fatta prendere dallo scrupolo che il dislivello superato dall'impianto fosse troppo forte per lei.

La cabina sale e attraverso i vetri, che testimoniano l'uso invernale dell'impianto, si può osservare il

paesino di Siusi e sullo sfondo, sulla sponda opposta della Valle Isarco, l'Altipiano del Renon.

Scesi dalla cabinovia scopro un lato sconosciuto di "Mary Poppins": la forza propellente!

E' proprio lei ad invitarmi ad andare fino alla fine del tratto servito dagli impianti di risalita.

Man mano che si sale si scopre un'oasi naturale, quasi priva di inquinamento turistico, posta al riparo dello stesso, grazie alla scarsa accessibilità.

Invisibile dalla Valle Isarco l'altipiano si apre verso la Val Gardena ed il ghiacciaio della Mendola. Con "Mary Poppins" concordiamo di fare un breve anello che ci avvicinerà alla quinta di montagne che congiunge lo Sciliar con il Catinaccio (alias Rosengarten).

Il giro è pieno di begli scorci che rapiscono il fotografo che si attarda fra i prati dell'alto piano. Ma

"Mary Poppins" mi ricorda che abbiamo lasciato mia madre ad aspettarci al parcheggio e che si sta avvicinando l'ora fissata per il nostro rientro alla "base". Così, prendiamo la seggiovia che ci riporta all'ovovia che, a sua volta, ci fa scendere al

parcheggio dove troviamo mia mamma ad

attenderci.

Oggi abbiamo beneficiato "dell'ombrello" di "Mary Popins" e Carolingio ha avuto modo di riposarsi.

Capitolo XVIII

IL CORNO DEL RENON

Siamo, ormai, quasi arrivati alla conclusione delle nostre vacanze e dell'Altipiano del Renon non ne abbiamo visto neanche l'ombra. Le gite fatte in loco ci hanno permesso di approfondire la conoscenza del substrato geologico ma ci hanno, sostanzialmente, fatto camminare sulla costa dell'altipiano. Oggi ci siamo diretti con due automobili verso il Corno del Renon. Avevo visto che Sepp (la nostra guida alpina) sarebbe partito in escursione con i turisti che si fossero presentati alla partenza della cabinovia che porta all'Altopiano del Renon. La destinazione della gita era proprio la vetta del Renon. La difficoltà del giro era poco indicata al livello di allenamento di mia madre e così avevamo organizzato la giornata in modo che mia madre potesse fare una passeggiata più breve, in compagnia di "Mary Poppins", ed io sarei stato, così, libero di aggregarmi al gruppo di Sepp. Le due auto ci avrebbero, poi, consentito di rientrare indipendentemente gli uni dagli altri.

Arrivati al parcheggio della cabinovia, ci salutiamo ed io aspetto Sepp che arriva, poco dopo, con l'autobus

ed una parte dei turisti che lo aveva raggiunto direttamente a Collalbo sulla base di un altro avviso.

Una volta integrati i due gruppi, Sepp ci da il via e saliamo tutti in cabinovia.

Salendo abbiamo l'occasione di osservare una coppia di aquile che sorvolano la valle più o meno all'altezza di quota della nostra cabina. Purtroppo anche i vetri di questa ultima sono parecchio rovinati e m'impediscono qualsiasi tipo di ripresa fotografica. Arrivano altre due aquile ed è subito bagarre, gli intrusi vengo scacciati via e, poco dopo, le due aquile rimaste, con un colpo d'ala, intercettano una corrente d'aria che le porta via ad una velocità, è proprio il caso di dirlo, stratosferica.

La cabina ci scarica a quota 2068 m s.l.m. e Sepp ci porta subito, attraverso un boschetto di pini silvestre, alla tavola rotonda. No, non ripiombiamo nel medioevo al tempo di Re Artù, si tratta proprio di una tavola rotonda che consente di ammirare il panorama a 360°. La vista è eccezionale anche se il tempo è leggermente velato. Ciò, tuttavia, ci consente di comprendere dove si trovava la linea di

bagnasciuga centinaia di milioni di anni fa. Confrontando, infatti, la linea superiore dei banchi di foschia con il plastico del museo di Predazzo, vediamo che l'andamento è simile anche se la quota è più bassa. In altre parole possiamo vedere nella foschia il fantasma del mare di circa 200 milioni di anni fa.

Finito di istruirci sul panorama, Sepp riprende la marcia, seguito da tutti noi, e finalmente riusciamo a vedere le Odle in tutto il loro splendore. Alcuni cartelli messi, qua e la, lungo il sentiero ci erudiscono sulle specie di vegetali e di animali che possiamo incontrare strada facendo.

Finito il giro di riscaldamento, il sentiero si arrampica "dritto per dritto" fino alla vetta del Corno del Renon. Per le mie gambe, poco allenate: un massacro!

Ma, io, non mi arrendo. Allungo i bastoncini telescopici ed aggredisco la salita fino ad arrivare ad oltrepassare la parte peggiore. Un falchetto mi da la scusa che cercavo, per fermarmi a tirare fiato. Il volo del Saint Esprit è caratteristico di questo tipo di falco: il falco pellegrino. Questa tecnica di volo consiste nello sfruttare la corrente ascensionale per rimanere immobile sulla verticale della preda che non appena si mette a favore di picchiata viene fulminata dal falco che chiude le ali e boom! Finito.

Arrivato al rifugio la mia fatica viene ricompensata dall'ampio panorama dell'Altipiano del Renon che riesco, finalmente, a vedere.

Sepp ci invita a consumare il nostro pasto presso il rifugio. Io prendo un piatto condito con le gemme del pino cembro.

Finita la pausa pranzo si riparte per esplorare l'altipiano.

Bisogna sapere che i pascoli dell'altipiano sono sempre appartenuti a due amministrazioni distinte e che queste sono state capaci di litigarseli per ben 500 anni senza mai trovare una soluzione di pace. La parola fine fu detta da un luogotenente delle truppe napoleoniche che riuscì a pacificare le parti demarcando il confine con un muro. Da allora non ci furono più litigi ed il muro è tutt'altro che abbandonato!

La gita ci porta ad attraversare alcuni pascoli dove possiamo ammirare le mucche ed i cavalli locali.

Mentre attraverso il branco di cavalli mi vedo seguito da un puledrino che trascina seco la madre e, quando arrivo alla staccionata da scalare, mi sento puntato dal musone della cavalla. La cavalla non so perché punta decisamente la tasca superiore del mio zaino. Scalo la staccionata e mentre scendo giù per la china che ci sta portando verso il bosco inizio a pensare all'orso: "non sarà mica là sotto?"

La domanda mi aveva fatto dimenticare la cavalla ed il suo nasone, poi, la mia attenzione viene rapita dal panorama che grazie alla luce radente del pomeriggio acquistava profondità. Riuscito, dopo una rincorsa a perdifiato, a ricongiungermi con il gruppo mentre gli ultimi stavano ormai arrivando alla cabinovia e che ci siamo, finalmente, fermati a riposarci un po', al bar del rifugio, il mio pensiero è tornato al nasone del cavallo.

Perché puntava la tasca superiore del mio zaino? La curiosità è ormai arrivata al colmo, così, nonostante la stanchezza mi alzo e vado a prendere il mio zaino che avevo gettato a terra qualche metro più in basso. Lo raccolgo, ritorno a sedermi, vuoto il bicchiere d'acqua ed apro la tasca dello zaino. Oh! Ma certo… come ho fatto a non pensarci subito. E' evidente, per fortuna che era solo una docile cavalla e non un orso: una mela!

Scattate le ultime fotografie, Sepp ordina la discesa e così ci salutiamo.

La serata finalmente ci consente di parlare di montagna e di lasciar fare alla Sig.ra "Rottenmeier" il suo lavoro senza inutili questioni alla "Mary Poppins"!

Capitolo XIX

DOMANI SI PARTE

Stamattina mi sveglio meno allegro del solito: penso che domani si partirà e che le vacanze sono arrivate alla fine. Domani si parte ma, oggi, sono ancora qua e me ne vado a zonzo per fatti miei!

Ritrovato lo spirito vacanziero mi precipito a fare colazione. Le mie auliche parenti non erano ancora scese. Mentre mi ingegnavo a comprendere come funzionasse la caldaia per le uova sode e scoprivo (meglio tardi che mai) che potevo attingere ad un favoloso assortimento di tisane, da prepararsi estraendo l'acqua bollente da un altro misterioso e barocco congegno della più sopraffine ingegneria o architettura alberghiera, venni raggiunto dalle mie compagne di viaggio.

La libertà fu ardua da raggiungere ma dopo una serie interminabile di suppliche e di altri virtuosismi degni della più alta diplomazia internazionale vengo finalmente mollato solo a me stesso. E adesso che faccio?

Mi era rimasto il desiderio di visitare una collezione

di trenini in Val Venosta che come vi ho già narrato ha finito con il rimanere tale. Però strada facendo potevo cercare, finalmente libero da qualsiasi formalismo, di scendere a valle per vie inusuali.

Non eravamo ancora stati in Val Sarentina e così cercai un percorso sulla cartina che mi permettesse di aggirare Bolzano a Nord in modo di scendere dall'altipiano già orientato verso Merano. Non potendoci arrivare tagliando per Merano 2000, troppo complicato, ho dovuto ripiegare sulla strada che scende in Val Sarentina e che, da lì, mi avrebbe portato fino a Bolzano scendendo lungo la stessa valle: due piccioni con una fava.

Forza Carolingio, si parte!

Ah, che favola!

Innanzi tutto, aria a volontà: giù i finestrini e tettuccio "indietro tutta"!

Poi, la musica che piace a me, ed infine, cappello e occhiali da sole!

Arrivato a Collalbo lascio la solita strada e mi dirigo verso Auna di Sopra. Da Auna comincio a scendere in Val Sarentina che mi accoglie, presso Vanga, offrendomi un'incredibile vista verso il fondo valle.

Arrivato giù, giro verso Bolzano, con l'intenzione di raggiungere la superstrada per Merano.

Il paesaggio è ricco di sorprese e la visibilità, pressoché sferica, di cui posso usufruire, senza distrarmi, mi rallegrano lo spirito.

La vallata, da larga, si fa sempre più stretta e la strada, per affacciarsi sulla piana dell'Adige, deve insinuarsi fra le rocce finché è costretta ad entrare in galleria.

Ma ecco che, appena dopo il tunnel, c'è un incrocio e, guardando se era libero, noto un cartello stradale: Roncolo. La tappa è d'obbligo e messa la freccia mi dirigo deciso al parcheggio del maniero.

Una stradina pedonale mi porta fino al ponte che una volta, parzialmente levatoio, bloccava l'accesso allo sconosciuto.

L'inatteso arcobaleno che ci ha affascinato durante il nostro soggiorno, nel paese del prosciutto, al termine di un forte nubifragio mi permette di salutarvi esprimendo il desiderio di poter fare un'altra splendida avventura da potervi raccontare.

FINE

Il castello fu costruito dalla nobile casata dei Vanga nel XIII secolo. La casata era già potente, nella Valle Sarentina nel XII secolo avendo avuto in famiglia un parente, Federico Vanga, vescovo di Trento nel 1207.

I Vanga - fedeli del vescovo di Trento - si opposero, poi, alla presa del potere da parte dei conti del Tirolo.

Una volta istituita la contea, i Tirolo cercarono di assegnare il castello ad una famiglia (di bassa nobiltà) a loro fedele. Dopo vari passaggi di proprietà, il Castello venne acquistato dai Vintler, ricchi commercianti di Bolzano, nel 1385. Il vescovo di Trento li infeuderà nel 1391. Da questo momento in poi il castello si sviluppa senza sosta, arricchendosi di affreschi sia all'esterno (verso il

cortile) sia all'interno (interessanti gli affreschi

tristram

narrativi). La visita si conclude nel cortile interno del piccolo borgo dove una simpatica osteria è pronta ad accoglierci per un rinfresco a base di succo di mirtillo o per una sosta ristoratrice a base di specialità atesine.

Domani si parte.

Capitolo XX

DESTINAZIONE FRIULI

Questa volta siamo noi a salutare "Mary Poppins" che resterà ancora un giorno a godersi la "Beata Solitudo[18]"!

Noi ci inabissiamo, rapidamente, in Valle Isarco e per una volta non chiederò a Carolingio di farci viaggiare indietro nel tempo ma lo lascerò portarci avanti.

Arrivati all'altezza di Bressanone, viriamo verso Est e ci innalziamo progressivamente di quota, superiamo Rio Pusteria, Brunico, e silenziosamente percorriamo la valle fino a quando, sulla sinistra, vediamo delle capre "volanti" che suscitano la nostra curiosità. Le capre sono l'insegna di un centro caseario della zona che, oltre alla degustazione dei loro prodotti, offre un approfondimento culturale sulla loro origine e fabbricazione. Poco oltre c'è un centro dell'abbigliamento tirolese che ci "invita a fare un giro in Topolino" per i settori della loro area acquisti.

Si riparte e, sulla destra, si passa non lontano dal Lago di Braies dove è ambientato lo sceneggiato televisivo sulle attività forestali di un noto attore

nostrano.

Dobbiaco mi riporta per alcuni istanti alla mia prima
gioventù e le sue avventure familiari.

Carolingio macina lentamente ma costantemente i
chilometri: a San Candido ci facciamo portare dalla
strada sin quasi in Austria ma, con una rapida
inversione di rotta, arriviamo a Sesto e proseguiamo,

con brevi intervalli fotografici, fino al confine della nostra area vacanziera con il Friuli.

Da qui la discesa verso i castelli del prosciutto ci fa scoprire le ampie zone boschive della Carnia, le zone industriali degli occhiali e l'impressionante dramma della diga del Vajont.

Infine, attraverso la Val Celina, arriviamo a Spilimbergo, superiamo il Tagliamento e terminiamo la nostra corsa alpina ammirando il tramonto da San Daniele del Friuli(19).

Lightning Source UK Ltd.
Milton Keynes UK
UKRC012133081019
351258UK00006B/99

* 9 7 8 1 3 8 9 1 0 0 5 1 2 *

INDICE

BIBLIOGRAFIA

* L'ALTO ADIGE NELLA STORIA di Mario Ferrandi - Edizioni Manfrini 1989.

* IL SANTUARIO DI MARIA TRENS di Karl Gruber – Tappeiner spa – Divisione Casa Editrice 1996.

* CASTEL RONCOLO di Anja Grebe, G.Ulrich Grossmann, Armin Torggler – Ed. Verlag Schnell & Steiner GmbH 2016.

* INVITO A CASTEL TIROLO di Carlo Romeo – Ed. Provincia Autonoma di Bolzano - Alto Adige 1991

* TAUFERS – Il fascino di un castello dinastiale – di Alexander von Hohenbühel - Ed. Verlag Schnell & Steiner GmbH 2016.

* STILFES – Pfarrkirche zum hl. Petrus und die Kapellen der Pfarrei di Verena Friedrich – Ed. Kunstverlag Peda 2009.

* IL SOGNO DI UN PRINCIPE – Mainardo II – La nascita del Tirolo – Autori Vari - Ed.Museo provinciale di Castel Tirolo & Tiroler Landesmuseum Ferdinandeum 1995

* ALTO ADIGE IN DUE – Le passeggiate più romantiche sulle Dolomiti – di Oswald Stimpfl – Morellini Editore 2016.

* ALTO ADIGE SÜDTIROL – tra masi e castelli, laghi e cime alpine strade del vino e sapori mitteleuropei – Autori Vari – Touring Editore & Slow Food® Editore 2015.

* TRENTINO ALTO ADIGE – Autori vari – Arnoldo Mondadori S.p.a 2001 & Editore & Mondadori Electa S.p.a. 2004

* DOLOMITI – Patrimonio mondiale UNESCO a cura di Cesare Micheletti – Editori vari 2010.

* Musei dell'Alto Adige a cura di Esther Erlacher - Ed. Ripartizione Musei 2016.

* Heidi – L'album delle figurine Panini – Edizioni Panini S.p.a. 1978.

* Gnomi - testo di Wil Huygen, illustrato da Rien Poortvliet, traduzione di Maria Duca Buitoni - Biblioteca Universale Rizzoli -1994 Milano.

* Les six compagnons de la Croix-Rousse - Paul-Jacques Bonzon - Hachette Livre 1961,1988, 2000 Paris.

FILMOGRAFIA

* Doctor Who - serie televisiva di fantascienza della BBC prodotta a partire dal 1963.

* Indiana Jones e i predatori dell'arca perduta - Paramount Pictures 1981 di George Lucas.

* Indiana Jones e il tempio maledetto - Paramount Pictures 1984 di George Lucas.

* Indiana Jones e l'ultima crociata - Paramount Pictures 1989 di George Lucas e Menno Meyjes.

* Indiana Jones e il regno del teschio di cristallo - Paramount Pictures 2008 di George Lucas e Jeff Nathanson.

* La signora in Giallo - serie TV drammatica (gialli) di Peter S. Fischer, Richard Levison e William Link presentata dalla CBS a partire dal 1984

* Heidi – cartone animato a puntate della Taurus Film GMBH di Monaco di Baviera 1978.

* Mary Poppins - Walt Disney 1964 da un libro di P. L. Travers.

* Bambi - Walt Disney 1942 da un racconto di Felix Salten.

* Mamma ho perso l'aereo della Twentieth Century Fox del 1990 di John Hughes.

* Assassinio sull'Orient Express dell'Universal Studio 1974 da un giallo di Agata Christie.

NOTE

(1) Doctor Who: personaggio fantastico cher aveva costruito una macchina del tempo e che era solito viaggiare con la sciarpa regalatagli dalla madre di Nostra Adamus (cfr. p.188)

(2) L'immissione dell'Isarco nell'Adige avveniva in zona paludosa ed il fiume erogava molta più acqua di quanto ne faccia ai nostri tempi. Inoltre la valle si restringe proprio verso la sua fine (dove l'Isarco si immette nell'Adige) presentando ai lati del fiume ripide pareti a precipizio sul fiume stesso. Ancora al giorno d'oggi la viabilità in prossimità di tale punto è garantita con virtuosismi d'ingegneria civile.

(3) La sponda del fiume si individua guardando il fiume dalla sua sorgente verso valle. Un altro metodo è quello di immaginarsi a cavallo del fiume e di rivolgere le spalle alla sorgente dello stesso. Qualunque sia il sistema scelto, avremo, così, la sponda destra alla nostra destra e la sponda sinistra alla nostra sinistra.

(4) La presenza degli Etruschi in prossimità del Lago di Caldaro è stata confermata dal ritrovamento di una lapide etrusca nei pressi di Vadena e di un'altra nel territorio di Appiano ed infine dal fatto che sappiamo che i Galli avevano spinto gli Etruschi in questi luoghi dalla pianura padana.

(5) Indiana Jones alias Prof. Henry Walton Jones Jr. è uno spericolato archeologo d'assalto (cfr. p.188)

(6) La "Signora in Giallo" alias Jessica B. Fletcher è una scrittrice detective che suo malgrado si trova sempre coinvolta in qualche giallo.

(7) Castello.

(8) Siamo intorno alla metà del X secolo.

(9) Baviera.

(10) Così avevo soprannominato la capo sala del ristorante del nostro albergo per il suo inflessibile comportamento, per altro assolutamente corretto, che mi ricordava l'altrettanta inflessibile tutrice di Heidi del famoso cartone animato giapponese di mia infantile memoria.

(11) Mary Poppins: simpatica ma inflessibile baby-sitter; arriva e parte quando gira il vento! (cfr.p.188)

(12) Come Kevin di "Mamma ho perso l'aereo" che sarebbe felicissimo di liberarsi dei propri famigliari ma che, alla fine, è altrettanto felice di rivederseli arrivare tutti a casa per il Natale (cfr.p.188).

(13) L'edicola del 1673 che ricopre il pozzo del 1508 è ornata da un fregio

che rappresenta le sette meraviglie del mondo e l'abbazia vi è inserita come l'ottava meraviglia.

(14) Bambi: cartone animato di Walt Disney rappresentante un cerbiatto di cervo dalla coda bianca (cfr.p.188).

(15) Il nome è puramente indicativo dedotto dalle tavole di Edgar Hahnewald del testo di A.Peyrot e B.Cortin "Funghi" Editrice S.A.I.E.-Torino. I funghi vanno raccolti solo con l'aiuto di una persona esperta.

(16) Saluto tedesco di buon augurio che ci si scambia fra escursionisti lungo i sentieri.

(17)"come si deve"

(18) Come dice Hercule Poirot nel famoso film con Albert Finney "Assassinio sull'Orient Express" libera interpretazione dell'omonimo giallo di Agata Christie (cfr.p.188).

(19) Il Friuli ed il Tirolo sono collegati nella storia per via del matrimonio di Adelaide, figlia di Alberto III di Tirolo, con il duca Mainardo I di Gorizia. Ma anche questa è un'altra storia.